Hugo Kastner

Die Fundgrube
für Denksport und Rätsel
in der Sekundarstufe I und II

Hugo Kastner

Die Fundgrube für Denksport und Rätsel

in der Sekundarstufe I und II

Bildnachweis:
Max Brandel, Mad, E. C. Publications, Inc. 1969: 99; Martin Gardner, Entertaining Mathematical Puzzles, Dover Publications Inc., New York 1986: 47–49, 80, 81, 172, 214, 215; Edgar Gilbert, Siam Review 16, 1974, S. 47–62: 20; Antje Kahl, Berlin: 17, 31, 44, 65, 76, 77, 82, 83, 104, 115, 142, 160, 168, 185, 194–196, 217, 222; Gilbert Obermair, Die beliebtesten Kneipenspiele, Pabel-Moewig Verlag, Rastatt 1994, S. 108–109: 183; Karl-Heinz Paraquin, Denkspielebuch, Ravensburger Buchverlag, 1973: 62.
Nicht in allen Fällen war es uns möglich, den Rechteinhaber ausfindig zu machen. Berechtigte Ansprüche werden selbstverständlich im Rahmen der üblichen Vereinbarungen abgegolten. Wir bitten um Verständnis.

 http://www.cornelsen.de

Bibliografische Information: Die Deutsche Bibliothek verzeichnet diese Publikation in der Deutschen Nationalbibliografie; detaillierte bibliografische Daten sind im Internet über http://dnb.ddb.de abrufbar.

Dieses Werk berücksichtigt die Regeln der reformierten Rechtschreibung und Zeichensetzung.

5.	4.	3.	2.	1.	Die letzten Ziffern bezeichnen
08	07	06	05	04	Zahl und Jahr der Auflage.

© 2004 Cornelsen Verlag Scriptor GmbH & Co. KG, Berlin
Das Werk und seine Teile sind urheberrechtlich geschützt. Jede Verwertung in anderen als den gesetzlich zugelassenen Fällen bedarf deshalb der vorherigen schriftlichen Einwilligung des Verlags.
Hinweis zu § 52 a UrhG: Weder das Werk noch seine Teile dürfen ohne eine solche Einwilligung eingescannt und in ein Netzwerk eingestellt werden. Dies gilt auch für Intranets von Schulen und sonstigen Bildungseinrichtungen.
Redaktion: Dr. Mirjam Heintzeler, Freising
Reihengestaltung: Julia Walch, Bad Soden
Layout: FROMM MediaDesign GmbH, Selters/Ts.
Illustrationen: Antje Kahl, Berlin
Umschlaggestaltung: Bauer + Möhring, Berlin unter Verwendung einer Zeichnung von Klaus Puth, Mühlheim
Druck und Bindearbeiten: Clausen & Bosse, Leck
Printed in Germany
ISBN 3-589-22055-4
Bestellnummer 220554

 Gedruckt auf säurefreiem Papier, umweltschonend hergestellt aus chlorfrei gebleichten Faserstoffen.

Inhalt

Vorwort 10
    Material für Denksport- und Rätselaufgaben 10
    Selbsttätigkeit 10
    Zielsetzungen 11
    Vier Grundprinzipien 11
    Aufbau des Buches 12
    Auswahlkriterien und Regeln 12
    Dank 13

Präsentationsmethoden 14
    Drei Treffer 14
    Gehirnjogging 14
    Kreatives Rätseln 15
    Offenes Lernen 15
    Spiele-System 15
    Teampunkte-System 16
    Tempofragen 16
    Top-Tipp-System 16

Atlas und Landkarte 17
    Wasser- und Landhalbkugel 18
    Zwei Welten 20
    Flugnetze 21
    Geographische Rätselbilder 23
    Östlichster Punkt der USA 25
    Österreich-Spiel 26
    Deutschland-Spiel 27
    Die Welt als Fußball 29
    Panamakanal 30

Bizarre Wahrscheinlichkeiten 31
    Wartezeiten 32
    Das Aufteilungs-Paradoxon 33
    Das Geburtstags-Paradoxon 34
    Der Briefumschlag 36
    Das Drei-Türen-Problem 37

Die Welt ist nur ein Dorf	39
Chinesische Würfel	41
Chuck-a-Luck	42
Geometrische Welten	**44**
Geometrische Reptilien	45
Der Hindu	46
Die Katze	48
Der Weg zum Fluss	49
Eisenbahnschienen	51
Das verschwundene Quadrat	52
Fünfeckpuzzle	53
Sprossenzauber	54
Karteikartentwist	56
Nur für Querdenker: 9 Punkte	58
Querdenker: 12 & 16 Punkte	60
Das Haus des Nikolaus	62
Der Teppich	63
Die Erbschaft	64
Getäuschtes Auge	**65**
Kippbilder	66
Der blinde Fleck	67
Das Labyrinth des Minotaurus	68
Sternensuche	69
30-Sekunden-Illusionen	70
Wortillusionen	72
Figurenillusionen	73
Der Korkentrick	75
Drudelrätsel	77
Fisch und Roboter	80
Verschlungene Seile	81
Schluck den Ball!	82
Die Macht des Wortes	**83**
Drei Philosophen	84
Betrogene Amazonen	85
Drei Preise	87
Anton, Bruno und Carl	88
Eineiige Zwillinge	89
Tag auf Tag	91
Wem gehört der Fisch?	92
Anagramme	94

Inhalt

Sprichwörter	95
Lügenteufel	98
Tiere im Zoo	99
Alpine English	100
Palindromische Uhrzeiten	101
Einbein – Zweibein – Dreibein	103
Münzprobleme	**104**
Sprunghafte Paarungen	105
Münzdreieck	106
Münzsolitär	107
Walzerdrehung	108
Münzturm	109
Münzring	110
10-Euro-Kreis	111
Euro & Cent	112
Festung	113
Rätselhafte Fragen	**115**
Fangfragen I	116
Fangfragen II	117
Die Welt des Zirkus	118
Klassisches	120
Biologisches	121
Menschliches	123
Aus der Welt der Technik	124
Logisch!	126
Geldgeschäfte	128
From the USA	131
Kalenderrätsel	132
Mordgeschichten	134
Buntes Allerlei I	136
Buntes Allerlei II	138
Buntes Allerlei III	140
Tangram & Co.	**142**
Konvexe Figuren	144
Ornamente	145
Vasen	146
Tan-Alphabet	147
Schachfiguren	149
Chinesen in Bewegung	150
Das Teufels-T	151

Vier rätselhafte Hölzchen 152
Triomino-Suche 153
Pentominos 155
Pento-Duell 158

Taschenspieler und Spielkarten 160
Eulersche Quadrate 161
Kartenhaie 162
Silverman-Puzzle 163
Vier mal die Fünf 164
Wer bin ich? 164
Rot und Schwarz 166
Kümmelblättchen 167

Top Secret 168
1000 = G sind ein K 169
Kurvenzauber 171
Die verschlüsselte Botschaft 173
Buchstabencode 174
Schnörkel 174
Römische Eins 175
Zahlenleiter 176
Einfach!? 178
Ziffern 1 bis 9 179
Dominoeffekt 179
Geheime Karte 181
Eisbären um Eislöcher 182

Die Welt der 64 Felder 185
Acht Damen 186
Läuferinvasion 187
Wolf und Schafe 188
Rösselsprung 189
Das zersägte Schachbrett 190
Damenspiele 191
Schach im alten China 192

Wunderwelt des Denkens 194
Der Spiegel 195
Die Insel im Teich 196
Die Uhr 197
Begehrenswerte Schwestern 198
Die Hängebrücke 200

Inhalt

    Findige Pfadfinder 201
    Der Krug geht zum Brunnen 203
    Der Handlungsreisende 205
    Dominozahlen 206
    Dominoblöcke 208
    Listenzauber 209
    Radfahrer 211
    Zahlennachbarn 212
    Das römische Ziffernblatt 214
    Die Fliege 216

Zündholzpuzzles 217
    Römische Zahlen 218
    Quadrate 219
    Geometrische Figuren 221
    Aus dem Leben gegriffen 223
    Streichholzmixtur 225
    Nim oder: „Marienbad" 228

Literatur 230

Register 233

Vorwort

Anders als gewöhnliche Spiele sind Denksport- und Rätselaufgaben in einer Schülergruppe nur einmal präsentierbar. Die Vielfalt der Aufgaben jedoch, die mit einfachsten Mitteln aus jedem Klassenzimmer eine Denkwerkstatt macht, wird auch erfahrene Lehrerinnen und Lehrer schlichtweg überraschen.

Material für Denksport- und Rätselaufgaben

Ob geometrische Aufgaben, Atlasrätsel, optische Täuschungen, rätselhafte Geschichten, Probleme um Wahrheit und Lüge, Wahrscheinlichkeitsaufgaben, Rätsel mit Münzen, mit Zündhölzern, mit Spielkarten, Bilder- und Sprachrätsel oder Probleme rund um das Schachbrett – alles ist mit wenigen Grundutensilien und minimalem Aufwand möglich. Sie benötigen für die in diesem Buch beschriebenen Denksportaufgaben und Rätsel nicht mehr als Papier und Bleistift, eine Sanduhr oder Stoppuhr, Münzen, Zündhölzer und Spielmarken, Spielkarten, Schachbretter und die beiliegenden Kopierhilfen. Sie können daher mit dem Fachwissen, das Ihnen dieses Buch anbietet, jederzeit ohne große Vorbereitungen eine ganze Schulklasse mit Denksportaufgaben verzaubern.

Selbsttätigkeit

Die hohe Motivation, die Sie bei Ihren Schülerinnen und Schülern durch das entdeckende Lernen und durch die Selbsttätigkeit beim Erarbeiten der Denksportaufgaben und Rätsel erzielen, ist enorm. Außerdem wird dadurch das Erlernte wesentlich besser behalten. Es ist ganz offensichtlich, dass sich ein Gedankenschritt, den ein Kind selbst vollzogen hat, fast automatisch ins Gedächtnis einprägt. Maria Montessori hat den Wunsch der Kinder nach Selbstständigkeit und nach eigener Erfahrungsmöglichkeit in dem Satz „Hilf mir, es selbst zu tun!" auf den Punkt gebracht. Und Motivation war beim Unterrichten noch immer der Schlüssel zum Erfolg. Denken motiviert, und damit kann gerade die Beschäftigung mit Problemaufgaben den Schulalltag für manche unserer Schülerinnen und Schüler zu einer Erlebniswelt werden lassen. Sie werden überrascht sein, wie häufig der Zugang oder Einstieg zu einem ernsthaften Sachproblem durch eine der vorliegenden Aufgaben in spielerischer Form ermöglicht wird.

Zielsetzungen

Fragen stellen, urteilen lernen und freies Argumentieren sind drei wichtige Zielsetzungen unserer Schulen. Aufgabensammlungen wie die vorliegende helfen Ihnen als Lehrerin oder Lehrer diese Ziele mit Freude anzustreben. Ganz entscheidend für ein Gelingen spannungsgeladener und lehrreicher Stunden ist das Einbinden aller Schülerinnen und Schüler, das Ausnutzen des logisch-kreativen Potenzials einer Klasse und die Freude am Miteinander. Diesem Grundsatz entsprechend sind die Aufgaben dieser Sammlung für Gruppengrößen von bis zu mehr als 30 Schülerinnen und Schüler konzipiert. Welcher der jeweiligen Themenkreise für Ihre Schülerinnen und Schüler geeignet ist, wie geübt Ihre Kinder im sprachlichen oder logischen Denken sind und wie viel Zeit Sie im Unterricht oder in Vertretungsstunden für diese Denksport- und Rätselaufgaben aufwenden können, müssen Sie als Lehrerin oder Lehrer selbst entscheiden.

Vier Grundprinzipien

Dieses Buch ist als Zwillingsband zur „Fundgrube für Spiele" (Hugo Kastner, 2002) gedacht. Genau wie dort wird auch bei der „Fundgrube für Denksport und Rätsel" ganz besonders auf die praktische Anwendbarkeit in der Klasse geachtet. Die Schülerinnen und Schüler sollen sich mit den vorliegenden Denksport- und Rätselaufgaben in einer überaus spannenden Welt der Gedankenakrobatik wiederfinden. Es werden Aufgaben jeden Schwierigkeitsgrades vorgestellt. Bei allen Themen hatte ich vier Grundprinzipien im Auge: (1) Für alle Altersstufen adaptierbar (wenn auch für die angegebenen Jahrgangsstufen besonders geeignet), (2) für beliebige Gruppengrößen geeignet, (3) ohne größere Vorbereitung präsentierbar und (4) fächerübergreifend einsetzbar. Denn die Arbeit mit der „Fundgrube für Denksport und Rätsel" soll in unserer immer stärker individualisierten Gesellschaft nicht nur eine Randaktivität im Klassenzimmer sein, sondern zu einer gemeinsamen Beschäftigung führen, zu einer Auseinandersetzung mit der Welt des Denkens und zu einer Zusammenarbeit mit Mitschülern und Freunden.

Aufbau des Buches

Um Ihnen eine bessere Orientierung zu ermöglichen, ist dieses Buch in mehrere Abschnitte unterteilt, je nach Rätseltypus und notwendigem Material. Jedes Thema wird in einer vorangestellten Einleitung in seiner Charakteristik beschrieben. Den Hauptteil bildet eine ausführliche Vorstellung der Aufgabe, wo nötig mit Kopiervorlage und erläuternden Bemerkungen sowie Tipps und Hinweisen. Jede Aufgabe wird durch eine Lösung abgerundet, sodass Sie als Lehrkraft ohne weiteres Suchen und Blättern sehr direkt arbeiten können. Ein ausführliches Literaturverzeichnis sowie ein Register mit Angaben zu Fächern, Altersstufe, Schwierigkeitsgrad, Präsentationsart und notwendigem Material runden das Werk ab. Jeder Aufgabe geht ein Absatz mit verschiedenen Informationen voraus. Hier finden Sie neben dem Thema die optimale Präsentationsmethode (Drei Treffer, Gehirnjogging, Kreatives Rätseln, Offenes Lernen, Spiele-System, Teamaufgabe, Tempofragen, Top Tipp), den Schwierigkeitsgrad (leicht, mittelschwer, schwer), die geeignete Jahrgangsstufe, einen Hinweis auf Einzel-, Partner- oder Gruppenarbeit und Angaben zum benötigten Material. Außerdem erfahren Sie, in welchem Unterrichtsfach die Aufgabe sinnvoll einsetzbar ist.

Auswahlkriterien und Regeln

Alle vorgestellten Rätsel wurden von mir aus Hunderten von Ideen heraus ausgesucht und aufs Genaueste erprobt. Sie sind das Ergebnis vieler mit spielerischen Höhepunkten durchlebter Lehrerjahre. Diese Auswahlarbeit geschah gemeinsam mit meinen Schülerinnen und Schülern, sodass Sie als Leser auf den reichen Erfahrungsschatz dieser Jugendlichen aufbauen können. Entgegen der unter vielen Laien weit verbreiteten Meinung haben Denksport- und Rätselaufgaben bei weitem nicht immer mit Mathematik zu tun. Selbstverständlich ist korrektes logisches Denken von Vorteil, aber eine Garantie für schnelle Lösungen ist dies dennoch nicht. Wie oft habe ich es erlebt, dass plötzlich nicht der kleine „Einstein" meiner Klasse das Aha-Erlebnis hatte, sondern ein normalerweise eher unauffälliges Kind. Wichtig ist es vor allem, die Fähigkeiten der Schülerinnen und Schüler richtig einzuschätzen und Erfolgserlebnisse zu ermöglichen. Rätsel und Denkspiele verlieren nämlich schnell ihre Anziehungskraft, wenn es sich herausstellt, dass eine Lösungsfindung völlig außer Reichweite der Kinder liegt.

Ein Ratschlag: Weisen Sie Ihre Schülerinnen und Schüler immer wieder darauf hin, dass bei aller Freude am Rätseln auch bei Denksportaufgaben

Vorwort 13

nicht der Ehrgeiz und der Zwang, der Erste zu sein, im Vordergrund stehen sollen, sondern das Miteinander-Spaß-Haben. Auch beim Denksport ist eine gewisse Großzügigkeit in der Auslegung der Regeln unbedingte Voraussetzung für entspannte und zugleich anregende Stunden.

Das älteste bekannte Rätsel?

Das erste dokumentierte Rätsel, das vielleicht älteste Rätsel der Welt, wurde vom Ägyptologen Henry Rhind 1858 in Luxor erworben. Es findet sich auf einer heute unbezahlbaren Papyrusrolle und trägt dort die Nummer 79, wird also unter einer Vielzahl weiterer mathematischer Aufgaben dokumentiert. Der Originalschreiber trug den Namen Ahmes und der Papyrus wurde, so ergaben genaue Datierungsuntersuchungen, um ca. 1650 vor Christus hergestellt. Ahmes selbst gibt in einer Randnotiz an, dieses Rätsel aus einer 200 Jahre zurückliegenden Quelle abgeschrieben zu haben. Die „Katzen und Mäuse" sind daher mehr als 3850 Jahre alt. Ein wahrlich Ehrfurcht einflößendes Alter. Ich möchte Sie aber nicht länger auf die Folter spannen, sondern biete Ihnen diesen Methusalem unter den Rätseln, der heute im British Museum aufbewahrt wird, gleich als Einstieg im Vorwort an:

Es gibt sieben Häuser, wobei in jedem Haus sieben Katzen wohnen. Jede Katze tötet sieben Mäuse, von denen wiederum jede sieben Kornähren gegessen hat. In jeder Ähre sind sieben Samen. Wie hoch ist die Gesamtzahl der genannten Objekte?

Nun, wie geht es Ihnen? Die Lösung ist nicht allzu schwer zu finden, auch wenn Sie nicht besonders mathematisch begabt sind:

7 + 49 + 343 + 2401 + 16807 = 19607.

Dank

Besonderen Dank sage ich allen meinen Schülerinnen und Schülern sowie meinen Kolleginnen und Kollegen, die mit mir zusammen in vielen Jahren diese Denksportaufgaben erprobt und die optimalen Präsentationsformen herausgearbeitet haben.

Ich brauche wohl nicht zu betonen, dass ich für jeden, auch noch so kleinen Hinweis sehr dankbar bin, der die Präsentation einer Denksportaufgabe verbessert oder eine reizvolle Alternative zur Arbeit im Klassenzimmer darstellt. Meine E-Mail-Adresse: hugo.kastner@chello.at

Hugo Kastner, Wien, 2004

Präsentationsmethoden

Ich habe im Laufe der Jahre sehr unterschiedliche Denksport- und Rätselpräsentationen versucht, abhängig von der Aufgabenstellung, dem Alter der Schülerinnen und Schüler sowie der zur Verfügung stehenden Zeit. Die besten Methoden möchte ich Ihnen hier vorstellen. Wenn Sie bisher vielleicht weniger Erfahrung mit dieser Art der Unterrichtsgestaltung hatten, wird Ihnen der Einstieg umso leichter fallen, je enger Sie sich an diese bewährten Schemata anlehnen.

Drei Treffer

Einzel-, Partner-, Gruppenarbeit/mit Zeitlimit/leicht + mittel + schwer

- Die Klasse wird in zwei oder mehr Teams aufgeteilt. Um die Identifikation zu erhöhen, dürfen sich die Teams einen eigenen Namen geben.
- Die Schülerinnen und Schüler müssen *fünf Aufgaben* bewältigen. Das Team, das zuerst *drei richtige Lösungen vorlegt* oder *drei richtige Antworten weiß*, hat gewonnen.
- Es wird mit Zeitlimit gearbeitet.
- Als Lehrer können Sie Hilfestellungen geben, je nach Schwierigkeitsgrad des Problems.
- Die Fragen können einzeln präsentiert oder im Block vorgelegt werden, d. h. alle fünf Fragen in schriftlicher Form.
- Diese Präsentationsform eignet sich besonders für Aufgaben der Kategorien „Rätselhafte Fragen" und „Zündholzpuzzles".

Gehirnjogging

Einzel-, Partner-, Gruppenarbeit/ohne Zeitlimit/schwer

- Sehr schwere Problemstellungen werden am besten als „Gehirnjogging" angeboten, etwa in Form einer freiwillig zu lösenden Hausaufgabe.
- Die Schülerinnen und Schüler haben dadurch sehr viel Zeit um eine Lösung auszuarbeiten, eventuell auch mit Hilfe ihrer Eltern.

- Nicht das Aha-Erlebnis des Lösens steht bei dieser Kategorie im Vordergrund, sondern es geht vielmehr um die detaillierte Besprechung der Schwierigkeiten beim Finden des Lösungsweges.

Kreatives Rätseln

Einzel-, Partnerarbeit/mit Zeitlimit/leicht + mittel

- Jeder Schüler bzw. jedes Team bekommt die gleiche Aufgabe gestellt und es wird ein strenges Zeitlimit vorgegeben.
- Anschließend werden die Lösungen von den einzelnen Schülergruppen nach einem Punkteschema bewertet (z. B. 3, 2 oder 1 Punkt, je nach Güte des Lösungsvorschlags).
- Zielsetzung ist eine hohe eigene Kreativarbeit bei der Lösungsfindung (z. B. beim „Drudeln").

Offenes Lernen

Einzel-, Partner-, Gruppenarbeit/mit Zeitlimit/leicht + mittel

- Die einzelnen Aufgaben werden in vier bis acht Stationen vorgestellt (schriftlich oder mündlich durch Stationshelfer). Zusätzlich wird angegeben, ob es sich um eine Einzelarbeit, Gruppenarbeit oder Partnerarbeit handelt.
- Die Schülerinnen und Schüler haben die freie Wahl, welche Station sie zuerst ansteuern, wie lange sie bei einer Aufgabe verharren wollen, in welche Gruppen sie sich begeben und wann und wie oft sie Pausen machen.
- Die Lösungen zu den Aufgaben werden entweder von den Helfern oder von den Lehrern kontrolliert, in manchen Fällen auch von den Schülerinnen und Schülern selbst.

Spiele-System

Partner-, Gruppenarbeit/ohne Zeitlimit/leicht + mittel

- Bei einigen Denkspielen bietet sich ein mehrmaliges Durchspielen der Aufgabe an. Wer immer unter den Schülerinnen und Schülern früher den dahinter stehenden strategischen Weg erkennt, wird auch die Mehrzahl der Partien gewinnen.
- Als Lehrer können Sie im Anschluss an eine Spielstunde die optimale Strategie bekannt geben.

Teampunkte-System

Gruppenarbeit/mit Zeitlimit/leicht + mittel + schwer

- Die Rätsellöser werden auf vier bis sechs Gruppen aufgeteilt.
- Dann wird die Aufgabe erklärt und eine genau vorgegebene Zeit eingeräumt, in der die Gruppen das Problem überdenken können. Diese Zeit müssen Sie als Lehrperson auf das Niveau der Klasse abstimmen.
- Eine Lösung bzw. ein Lösungsweg wird schriftlich festgehalten und am Ende der ersten Denkphase vom Spielleiter beurteilt.
- Hat nur eine Gruppe die richtige Lösung, bekommt sie 4 Punkte, bei zwei korrekten Gruppenantworten werden 3, bei drei richtigen Lösungen 2 Punkte vergeben. Im Falle von vier oder mehr Lösungen gibt es 1 Punkt pro Gruppe. Gespielt wird auf einen vorher vereinbarten Punktewert.
- Durch diese Bewertung werden schwere Aufgaben mit höherer Punktezahl prämiert.
- Wird überhaupt keine Lösung gefunden, ist ein zweiter Durchgang zu empfehlen, eventuell verbunden mit einem kleinen Hinweis vom Lehrer. Die Wertung erfolgt analog zur ersten Denkphase.

Tempofragen

Einzel-, Partner-, Gruppenarbeit/mit und ohne Zeitlimit/leicht + mittel + schwer

- Die Klasse wird zunächst in zwei bis sechs Gruppen geteilt; jede Gruppe darf sich einen Gruppennamen zulegen.
- Bei manchen Denksportaufgaben und Rätseln ist ein Lösungsbild vorzulegen, so etwa bei den „Tangrams" oder bei den „Schachaufgaben".
- Die Gruppe, die zuerst die Lösung findet, wird prämiert.
- Ein Zeitlimit ist nicht unbedingt notwendig, kann jedoch fallweise die Zeitplanung der Unterrichtsstunde erleichtern.

Top-Tipp-System

Einzel-, Partner-, Gruppenarbeit/mit Zeitlimit/leicht + mittel + schwer

- Bei manchen Denksport- und Rätselaufgaben ist die Überraschung am größten, wenn zunächst jede Gruppe nach kurzer Besprechung einen Rateversuch macht. Es gibt ein striktes Zeitlimit.
- Die Gruppe, die der Lösung am nächsten kommt, wird prämiert.
- Erst nach dem Rateversuch wird die Lösung im Detail besprochen.
- Besonders in der Kategorie „Wahrscheinlichkeiten" liegen die Lösungsversuche oft weit entfernt von den tatsächlichen Ergebnissen.

Atlas und Landkarte

Der moderne Atlas bietet eine ungeheure Vielfalt an physischen, politischen und thematischen Karten, Diagrammen, Luftbildern und anderen Beiblättern, wie etwa Flaggen oder Darstellungen des Sonnensystems. Wer sich intensiver mit diesem Rätseltypus beschäftigt, wird sich schnell auf einer erstaunlichen Reise durch die in die Tausende gehenden Karten finden, auf einer Entdeckungsfahrt durch überraschende und zugleich elegante Welten. Oft ist es eine verblüffend einfache Fragestellung, die kuriose und unwahrscheinliche Einsichten ermöglicht.

Manche Aufgaben sind für den logisch denkenden Rätselfreund gemacht, andere für den spielerisch orientierten Denksportfan. In jedem Fall ist jedoch ein Bezug zur Geographie unserer Erde gegeben. Dadurch eignet sich gerade diese Rätselkategorie für den regelmäßigen Einsatz im Unterrichtsfach Geographie.

Trotz des fachspezifischen Bezugs basieren alle Aufgaben auf unterschiedlichsten Rätseltypen. Daher erkennt der Leser bei dieser Kategorie sehr gut die praktische Anwendung der vielfältigen Prinzipien, nach denen Denksportaufgaben aufgebaut sind.

Wasser- und Landhalbkugel

> **Präsentation:** Top Tipp
> **Schwierigkeit:** leicht – mittel
> **Schuljahre:** 5–8
> **Fach:** Geographie
> **Material:** Globus, Kopiervorlage

Ein Globus ist schon ein tolles Ding. Keine Karte gibt uns einen so guten Überblick über unsere Erde. Bevor Sie Ihren Schülerinnen und Schülern aber einen Globus zur Betrachtung geben, sollten Sie ihnen zwei kleine Schätzaufgaben stellen.

Aufgabe 1
Welchen maximalen Prozentanteil Wasser sieht man bei „optimalem" Blickwinkel auf unsere Erde?

Aufgabe 2
Welchen maximalen Prozentanteil Land sieht man bei „optimalem" Blickwinkel auf unsere Erde?

Kopiervorlage

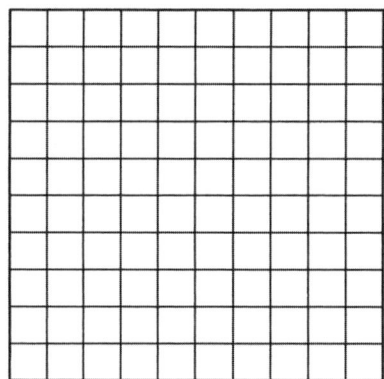

Landhalbkugel

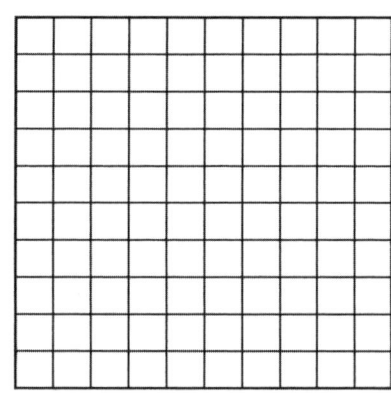

Wasserhalbkugel

Wasser- und Landhalbkugel

Lassen Sie also Ihre Schülerinnen und Schüler jenen optimalen Blickwinkel suchen, der ihnen möglichst viel Wasser sowie möglichst viel Land zeigt, und lassen Sie den jeweiligen Anteil in Prozent schätzen. Jedes Kästchen im 10 x 10-Raster entspricht einem Prozent. Geben Sie Ihren Schülerinnen und Schülern unbedingt etwas Zeit, diese Frage überlegt abzuschätzen.

Lösung
Aufgabe 1: 89 % Wasser
Aufgabe 2: 47 % Land

Bemerkung
Wenn Sie Ihre Schülerinnen und Schüler zunächst ohne Ansicht des Globus nur frei schätzen lassen, werden die Ergebnisse ungeheuer stark differieren. Mit Hilfe des Globus finden dann doch einige Schüler ziemlich genau zu den in der Lösung genannten Prozentsätzen. Das Zentrum der Landhalbkugel liegt bei Amsterdam, mit der Südspitze Afrikas als südlichstem Punkt. Ganz Nordamerika, Europa, Afrika und ein Großteil Asiens und Südamerikas liegen im Blickfeld. Über den Nordpol hinausgehend wird die ganze Polkappe bis zum 40. Breitengrad sichtbar.

Das Zentrum der Wasserhalbkugel ist südöstlich von Neuseeland zu suchen. Diesmal wird die südliche Polkappe voll erfasst (wieder bis zum 40. Breitengrad). Der Betrachter sieht nur die Antarktis, Australien, Teile Südostasiens (Indonesien, Philippinen, Neuguinea) und einen Zipfel Lateinamerikas. Fast der gesamte Raum wird vom Pazifischen und vom Indischen Ozean eingenommen.

Der 10 x 10-Raster eignet sich übrigens wunderbar im Unterricht, wenn es um die Visualisierung von Prozentschätzungen geht.

Zwei Welten

> **Präsentation:** Tempofragen
> **Schwierigkeit:** mittel
> **Schuljahre:** 5–8
> **Fach:** Geographie
> **Material:** Kopiervorlage

Aufgabe
Was ist an dieser Globusdarstellung falsch?

Kopiervorlage

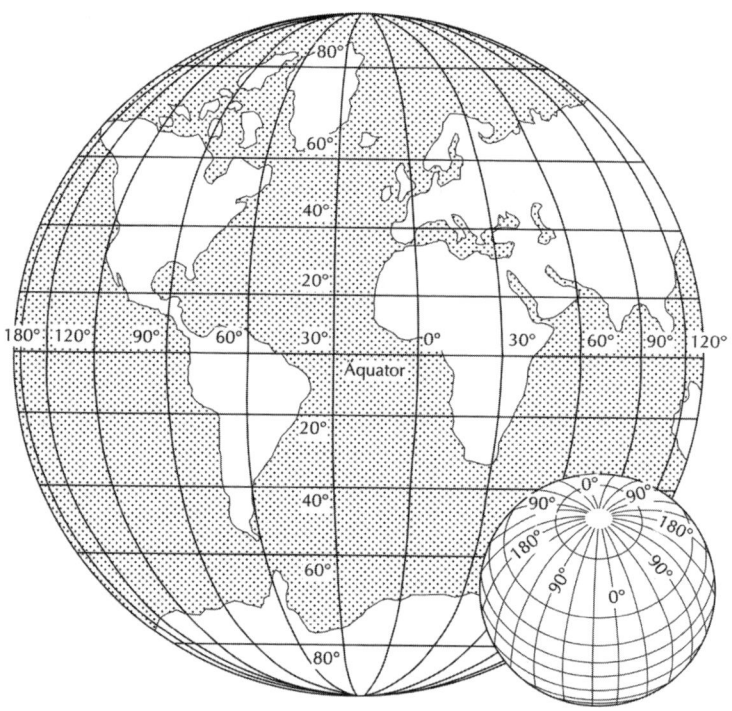

Diese Frage zur Globusdarstellung überrascht im ersten Moment auch manch erfahrenen Geographen. Viele Betrachter der Kopiervorlage sind zunächst ziemlich perplex. „Ist die Antarktis zu groß eingezeichnet?" – so und ähnlich lauten die ersten Fragereaktionen. Mit „Was ist an dieser Karte falsch?" ist aber gemeint, dass die Darstellung an sich nicht stimmt. Haben Sie ein gutes Auge für unsere Erde?

Lösung
Diese Hemisphärendarstellung zeigt viel mehr von der Erde, als tatsächlich am Globus sichtbar ist. Die „Zwei Welten-Karte" (so der offizielle Name) zeigt eine Seite des Globus mit allen sieben Erdteilen. In der Realität hat selbstverständlich jeder Punkt des Globus eine Entsprechung auf der Rückseite.

Bemerkung
Der amerikanische Mathematiker Edgar Gilbert hat sich auf „seltsame" Karten dieser Art spezialisiert. Da die unserem Auge vertrauten Formen trotz aller Verzerrungen eindeutig erkennbar bleiben, wird unsere Wahrnehmung nur allzu leicht getäuscht.

Flugnetze

Präsentation:	Tempofragen/Top Tipp
Schwierigkeit:	mittel
Schuljahre:	7–10
Fach:	Geographie, Mathematik (Geometrie)
Material:	Kopiervorlage

Welches „ökonomische" (d. h. möglichst kurze) Netz würde ein professioneller Routenplaner zeichnen? Hier haben wir eine Aufgabe vor uns, bei der sowohl mathematische als auch geographische Überlegungen eine große Rolle spielen.

Aufgabe
Die in der Kopiervorlage abgebildeten europäischen Städte sollen so miteinander in einem Netz verbunden werden, dass sich die kürzest mögliche Route ergibt.

Hinweis: Es ist nicht verlangt, eine Rundreise zu zeichnen, aber alle Städte müssen in das Netz eingebunden werden. Das heißt, von der einen oder anderen Stadt können mehr als zwei Flugrichtungen weggehen.

Atlas und Landkarte

Kopiervorlage

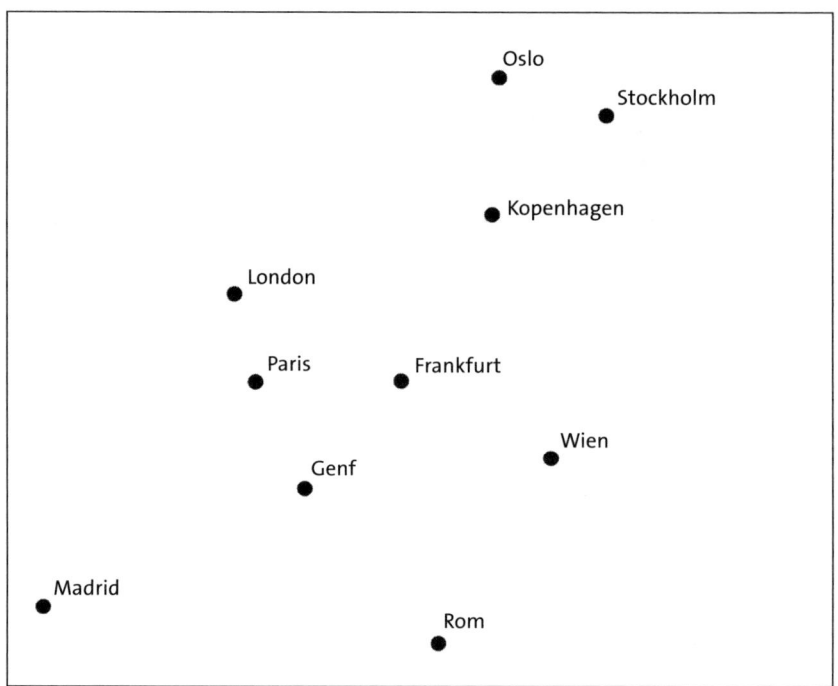

Lösung
Die kürzeste Route ist aus der Abbildung *Lösung Flugnetze* ersichtlich. Da es schon bei vier Städten sechzehn unterschiedliche Netze gibt, ist eine instinktiv gefundene Lösung sehr unwahrscheinlich. Es gibt aber einen einfachen Trick, das kürzeste Netzwerk zu finden. Verbinden Sie zunächst die beiden nähest gelegenen Städte (in diesem Beispiel London und Paris.) Anschließend verlängern Sie zur nun am schnellsten zu erreichenden Stadt (hier: Genf), usw. Dadurch kommen Sie automatisch auf das abgebildete Lösungs-Netz. Allerdings müssen Sie volle Schleifen vermeiden.

Bemerkung
Diese Aufgabe eignet sich sehr gut für größere Schülergruppen. Vergleichen Sie die verschiedenen Lösungsvorschläge, bevor Sie den optimalen Weg mit den Schülerinnen und Schülern besprechen.

Abbildung: Lösung Flugnetze

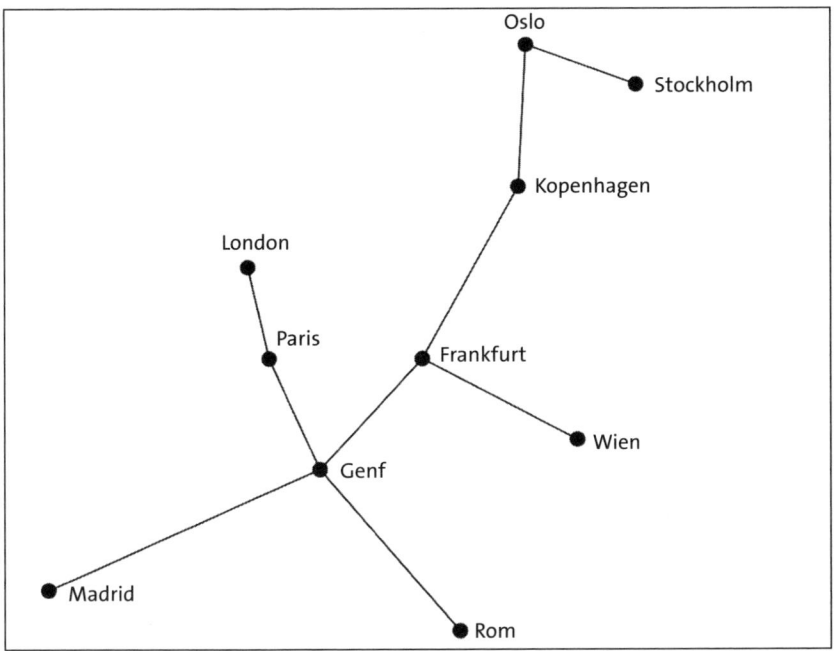

Geographische Rätselbilder

Präsentation:	Offenes Lernen (Einzeln, Partner, Gruppe)/Tempofragen
Schwierigkeit:	leicht – mittel – schwer
Schuljahre:	5–13
Fach:	Bildende Kunst, Geographie
Material:	Atlas oder Globus, Kopiervorlage

Vor mehr als 120 Jahren sind die folgenden Rätselbilder im Buch „Deutsche Jugend" veröffentlicht worden.

Aufgabe
Welche Staaten, Inseln, Meere und Erdteile verbergen sich in diesen Rätselbildern?

Atlas und Landkarte

Kopiervorlage

Tipp

Lassen Sie die Schülerinnen und Schüler unbedingt mit einem Atlas oder einem Globus arbeiten. Die Aussichten auf erfolgreiches Auffinden der Lösungen werden dadurch stark erhöht. Bis zur achten Schulstufe würde ich zudem empfehlen, die Lösungen zum Zuordnen vorzugeben, am besten in alphabetischer Folge.

Lösung
1 Europa – 2 Iberische Halbinsel – 3 Afrika – 4 Kaspisches Meer – 5 Borneo – 6 Schwarzes Meer – 7 Hispaniola (Insel, auf der Haiti und die Dominikanische Republik liegen) – 8 Kuba – 9 Sumatra – 10 Korsika – 11 Australien – 12 Schweden/Norwegen – 13 Irland

Bemerkung
In höheren Klassen könnten Sie Ihre Schülerinnen und Schüler animieren, ähnliche kleine Kunstwerke zu schaffen, vielleicht in Zusammenarbeit mit dem Fach Bildende Kunst.

Östlichster Punkt der USA

Präsentation:	Tempofragen/Top Tipp
Schwierigkeit:	mittel
Schuljahre:	10–13
Fach:	Geographie
Material:	Atlas oder Globus

Aufgabe
In welchem Bundesstaat befindet sich der östlichste Punkt der USA? Ihr dürft dreimal raten.

Mit dieser Frage werden Sie auch so manchen Geographie-Kollegen überraschen können. Wie sieht Ihr persönlicher Tipp aus?

Tipp
Erst nach dem Rateversuch der Schülerinnen und Schüler sollte ein Atlas oder ein Globus zur Kontrolle herangezogen werden. Sie können ohne weiteres drei Tipps zulassen.

Lösung
Alaska. Sie haben richtig gelesen, es handelt sich bei Alaska überraschend um den östlichsten Bundesstaat der USA. Die zu Alaska gehörenden Aleuten reichen über den 180°-Meridian hinaus, und dieser wiederum markiert die Trennlinie zwischen geographischem Osten und Westen. Der westlichste Zipfel Alaskas weist daher bereits eine östliche Längenangabe auf.

Österreich-Spiel

Präsentation:	Offenes Lernen (Partner)/ Spiele-System
Schwierigkeit:	leicht – mittel
Schuljahre:	5–8
Fach:	Geographie
Material:	Atlas oder Kopiervorlage, Münzen (z. B. 1-Cent oder 10-Cent-Münzen)

Die Karte Österreichs eignet sich hervorragend für das folgende kleine geographische Spiel.

Spiel

Der Startspieler muss eines der Bundesländer mit einer eigenen Münze belegen, danach platziert der Gegenspieler seine Münze in ein angrenzendes Land. Wer nicht mehr setzen kann, hat das Spiel verloren. Auch als Solitär eignet sich dieser Spielplan.

Kopiervorlage

Vbg. = Vorarlberg/Tir. = Tirol/Sbg. = Salzburg/
O-Tir. = Osttirol/OÖ = Oberösterreich/
Ktn. = Kärnten/NÖ = Niederösterreich/
Stmk. = Steiermark/W = Wien/
Bgl. = Burgenland

Achtung

Vor Beginn sollten Sie die Kopiervorlage vergrößern. Osttirol ist ein eigenes Gebiet, da es durch Salzburg von (Nord)Tirol abgegrenzt wird.

Beispiel: Sie beginnen mit Tirol. Ihr Gegenspieler setzt auf Vorarlberg und Sie haben bereits nach diesem Zug keine Möglichkeit weiterzuspielen.

Aufgabe
Gibt es für den Startspieler ein Bundesland, das bei bester Spielanlage beider Partner zum Gewinn führt?

Lösung
Der Spieler, der beginnt, verliert bei optimaler Strategie seines Gegenübers immer.

Bemerkung
Beim Österreich-Spielplan ist die Misère-Variante sehr zu empfehlen. Dabei gilt, dass derjenige verliert, der zuletzt eine Münze setzt.

Deutschland-Spiel

Präsentation:	Gehirnjogging/Offenes Lernen (Partner)/ Spiele-System
Schwierigkeit:	mittel – schwer
Schuljahre:	7–10
Fach:	Geographie
Material:	Atlas oder Kopiervorlage, Münzen (z. B. 1 Cent- oder 10-Cent-Münzen oder Euro-Münzen)

Spiel
Der Startspieler legt eine Münze auf ein beliebiges deutsches Bundesland (siehe Kopiervorlage), dann ist der Spielpartner dran. Dieser muss unbedingt ein benachbartes Bundesland wählen. Abwechselnd wird auf diese Weise gezogen. Wer keine Möglichkeit findet, eine Münze zu platzieren, hat verloren.

Beispiel: Angenommen, Startspieler A beginnt mit Schleswig-Holstein (SH). Dann legt Spielpartner B seine Münze auf Hamburg (HH). Nun ist für A Niedersachsen (NI) die einzige Möglichkeit. Darauf aber spielt B Bremen (BB) und A hat keine weitere Zugmöglichkeit.

Sie sehen, ganz so einfach ist dieses Spiel nicht. Schleswig-Holstein führt für den Startspieler zu einem zwangsläufigen Spielverlust, wenn der Gegner optimal antwortet. Die Frage, die Ihrer Klasse sicherlich die nächste halbe Stunde kosten wird, lautet:

Aufgabe
Welche deutschen Bundesländer garantieren bei optimalem Spiel einen Gewinn für den Spieler, der den ersten Zug macht?

Kopiervorlage

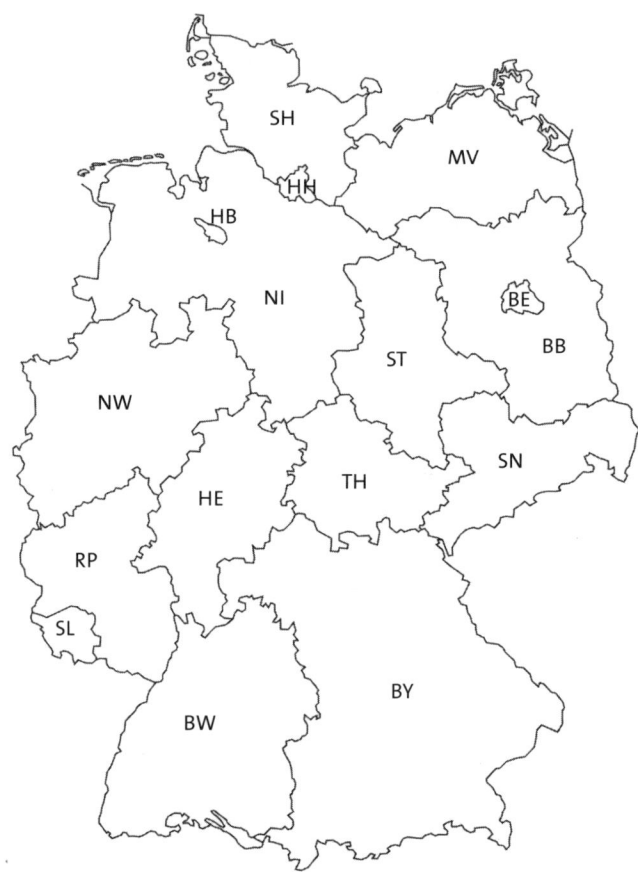

BB = Brandenburg/BE = Berlin/BW = Baden-Württemberg/BY = Bayern/HB = Bremen/
HE = Hessen/HH = Hamburg/MV = Mecklenburg-Vorpommern/NI = Niedersachsen/
NW = Nordrhein-Westfalen/RP = Rheinland-Pfalz/SH = Schleswig-Holstein/
SL = Saarland/SN = Sachsen/ST = Sachsen-Anhalt/TH = Thüringen

Die Welt als Fußball 29

Lösung
Baden-Württemberg, Berlin, Bremen, Hamburg, Mecklenburg-Vorpommern, Nordrhein-Westfalen, Saarland, Sachsen, Sachsen-Anhalt und Thüringen garantieren dem Startspieler bei optimalem Spiel einen Gewinn.

Bemerkung
Sollten Ihre Schülerinnen und Schüler keine befriedigende Lösung anbieten, dürfen Sie ihnen verraten, dass zehn der sechzehn deutschen Bundesländer für den Spieler, der den ersten Spielzug macht, den Gewinn sichern. Bei fortgeschrittenen Schülergruppen ist auch die Misère-Variante zu empfehlen. Dabei gilt genau das Gegenteil: Wer zuletzt zieht, verliert. Viel Spaß beim Kennenlernen der deutschen Lande.

Die Welt als Fußball

Präsentation:	Gehirnjogging/Teampunkte/ Top Tipp
Schwierigkeit:	mittel – schwer
Schuljahre:	5–13
Fach:	Mathematik (Geometrie)
Material:	Fußball

Die folgende Aufgabe können Sie mit einem kleinen Experiment vorstellen: Nehmen Sie einen Fußball mit in die Klasse und legen Sie um den vollen Durchmesser des Balls einen Faden oder eine Schnur. Im zweiten Schritt – in einem Gedankenexperiment – verlängern Sie den Faden um genau einen Meter. Sie können zur Veranschaulichung einen Kreis mit dem Durchmesser eines Fußballs auf die Tafel zeichnen und in einem Abstand von 16 cm einen weiteren Kreis. Genau diese 16 cm Luft nämlich liegen zwischen Faden und Ball.

Aufgabe
Wie weit würde in einem „erdumspannenden" Experiment der Faden von der Erde abstehen, wenn er zunächst um den Äquator gelegt, dann um genau einen Meter verlängert wird?

Lösung
Wieder ca. 16 cm. Auf den ersten Blick sieht das unglaublich aus, aber mathematisch gesehen ändert sich bei den verschieden großen „Kugeln" überhaupt nichts. Die Berechnung ist relativ leicht nachzuvollziehen:
Der Umfang des Fußballs beträgt $2r\pi$. Nehmen wir an, der Ball hat einen Durchmesser von 22 cm. 22 x 3,14 (Umfang des Balls) plus 100 cm (Verlängerung des Fadens) ergibt den neuen Umfang. Wenn Sie nun durch 3,14 dividieren, erhalten Sie den neuen Durchmesser von 53,8 cm. Davon ziehen Sie die ursprünglichen 22 cm ab und bekommen damit bereits den Unterschied der beiden Durchmesser (31,8 cm). Durch zwei geteilt ergibt sich letztlich der Abstand des Fadens vom Ball, nämlich die oben genannten ca. 16 cm. Genau das gleiche Ergebnis von 16 cm erhalten Sie, wenn Sie den Äquatorumfang von 40075,012 km als Berechnungsgrundlage nehmen und den imaginären Faden um 1 m verlängern.

Panamakanal

Präsentation:	Teampunkte/Top Tipp
Schwierigkeit:	mittel
Schuljahr:	7–10
Fach:	Geographie
Material:	Atlas oder Globus

Aufgabe
Stellt euch vor, mit einem Schiff zwei Seemeilen vom Panamakanal entfernt Richtung Westen auf den Kanal zuzusegeln. In welchem Gewässer befindet sich euer Segelschiff?

Nun, wie sieht die spontane Antwort aus? Zunächst sollten Sie die Schüler ohne Atlas- oder Globushilfe eine Antwort suchen lassen.

Lösung
Kaum zu glauben, aber Sie befinden sich im Pazifischen Ozean.
Wie auf jeder Karte zu erkennen, macht die mittelamerikanische Landbrücke eine seltsame Krümmung wie ein verdrehtes Band. Daher segeln Sie vom Osten kommend auf das Westende des Kanals zu.

Bizarre Wahrscheinlichkeiten

Wer sich auf sein Gefühl für Wahrscheinlichkeiten verlässt, ist meist verlassen. Eine ernüchternde Tatsache, die allerdings zu allen Zeiten auch von den besten Mathematikern angezweifelt wurde. Zu reizvoll ist die Annahme, dass etwa beim Roulette nach einer Serie von zehnmal Rot beim nächsten Wurf die Wahrscheinlichkeit für Schwarz größer ist als für eine elfte Kugel auf Rot. Aber der Kessel hat kein Gedächtnis. Diese Binsenweisheit ist heute fast jedem bekannt, und dennoch reagieren wir weiterhin ungläubig auf vermeintliche Serien. In Wahrheit ist jede andere Farbfolge genauso wahrscheinlich oder unwahrscheinlich wie die erwähnte Zehnerserie auf Rot. Gleiches gilt auch für das überaus populäre Lotto, wo jede Sechszahlenkombination die gleichen Aussichten auf eine Zukunft als Millionär verspricht. Dennoch glauben viele Lottospieler, durch ausgeklügeltes Ankreuzen und Studium der bereits gefallenen Zahlen das Glück zwingen zu können. Die Welt der Wahrscheinlichkeiten bleibt aber voller Rätsel.

In diesem Kapitel werden Sie mit einigen Leckerbissen zum Thema Wahrscheinlichkeiten verwöhnt. Die Aufgaben sind eher anspruchsvoll und verlangen daher vom Lehrer ein gezieltes Hinführen der Kinder zur Lösung.

Wartezeiten

Präsentation:	Top Tipp
Schwierigkeit:	mittel
Schuljahre:	10–13
Fach:	Mathematik
Material:	Kopiervorlage: Text

Elvira Roberts ist eine sehr fürsorgliche Frau. Regelmäßig einmal am Tag besucht sie mit dem Schnellzug entweder ihre Eltern oder ihre Großeltern, die allerdings in diametral gegenüberliegenden Stadtteilen von Chicago wohnen. Sie verlässt ihr Haus knapp vor Mittag, ohne genau auf die Uhr zu blicken, und überlässt es dem Zufall, wen sie an diesem Tag überraschen wird. Elvira nimmt einfach den nächsten Zug, der einrollt. Die Züge haben folgende, sehr streng geregelte Abfahrtszeiten:

Kopiervorlage

Nach Osten:	12:00	Nach Westen:	12:01
	12:10		12:11
	12:20		12:21
	12:30		12:31

Elviras Eltern sind sehr glücklich, dass sie ihre Tochter an neun von zehn Tagen sehen. Die Großeltern dagegen sind etwas betrübt, dass sich ihre Enkelin nur einmal in zehn Tagen für sie Zeit nimmt.

Aufgabe
Wieso besucht Elvira ihre Eltern viel öfter als ihre Großeltern?
Wo wohnen die Eltern und wo die Großeltern von Elvira Roberts?

Lösung
Die durchschnittliche Wartezeit auf einen Zug nach Osten beträgt 4,5 Minuten, nach Westen 0,5 Minuten. Das heißt, Elvira muss genau in der einen Minute am Bahnsteig eintreffen, die zwischen den Zugabfahrtszeiten liegt, um ihre Großeltern im Westen Chicagos zu besuchen. Dagegen bleiben ihr neun Minuten, um den Zug zu ihren Eltern im Osten der Stadt zu erreichen.

Das Aufteilungs-Paradoxon

Präsentation: Gehirnjogging/Tempofragen
Schwierigkeit: schwer/Lehrerhilfe
Schuljahre: 10–13
Fach: Mathematik
Material: Papier und Bleistift

Diesmal möchte ich Ihnen eine sehr alte Aufgabe anbieten, die mit Wahrscheinlichkeiten zu tun hat: Zwei Personen spielen ein Würfelspiel, und zwar ein wahrlich gerechtes Spiel (d. h. für alle Würfe gelten die gleichen Wahrscheinlichkeiten). Wer zuerst sechs Runden gewinnt, darf den ganzen Einsatz, 8 Dukaten, mit nach Hause nehmen.

Nun passiert es, dass das Spiel früher abgebrochen werden muss. Spieler A hat zum Zeitpunkt des Abbruchs fünfmal gewonnen, Spieler B dreimal. Der Einsatz soll aber auch bei diesem Spielstand gerecht aufgeteilt werden. Das heißt, jeder der beiden Spieler soll so viele Dukaten einstecken, wie es der Wahrscheinlichkeit, das Gesamtspiel zu gewinnen, entspricht.

Aufgabe
In welchem Verhältnis sollte der Einsatz aufgeteilt werden?

Lösung
Der Einsatz wird im Verhältnis 7:1 aufgeteilt.

Kaum zu glauben, aber es hat 150 Jahre gedauert, bis dieses Ergebnis zu Papier gebracht wurde. Vorgeschlagen wurden in historischen Lösungsversuchen 5:3 (einfach nach den Rundenergebnissen), 2:1 (Argument: Spieler A hat zwei Runden mehr gewonnen, d. h. ein Drittel der notwendigen Runden, daher soll er ein Drittel des Gewinns erhalten.

Warum aber ist 7:1 die richtige Antwort? Die Annäherung an die Lösung liegt im Abschätzen der Gewinnchancen: Spieler A muss nur eine Runde gewinnen, Spieler B dagegen drei. Werden nun tatsächlich drei Runden gespielt, egal ob das Ergebnis bereits früher feststeht oder nicht, sind 2 mal 2 mal 2, also acht Resultate möglich, alle mit gleicher Wahrscheinlichkeit (AAA, AAB, ABA, BAA, ABB, BAB, BBA und BBB). Dabei gewinnt nur in einem Fall Spieler B, nämlich wenn er alle drei Runden für sich entscheidet.

Bemerkung

Dieses Paradoxon wurde bereits 1494 in Venedig von Fra Luca Paccioli, einem guten Freund Leonardo da Vincis, publiziert, sein Ursprung könnte in der arabischen Welt liegen. Faszinierend, dass die korrekte Lösung dieser Wahrscheinlichkeitsaufgabe sehr lange auf sich warten ließ. Sogar der berühmte Mathematiker Nicola Tartaglia (1500–1557) gab eine falsche Lösung an, und es dauerte bis ins 17. Jahrhundert, bis Pascal und Fermat unabhängig voneinander die richtige Antwort fanden. Damit hatte die Geburtsstunde der Wahrscheinlichkeitsrechnung geschlagen.

Das Geburtstags-Paradoxon

Präsentation:	Top Tipp
Schwierigkeit:	mittel – schwer
Schuljahre:	10–13
Fach:	Mathematik
Material:	Papier und Bleistift

Stellen Sie sich eine typische amerikanische Party vor. In jeder Ecke stehen ein paar amüsierte Gäste zusammen. Plötzlich erschallt ein mehrstimmiges „Happy Birthday". Die Stimmung erreicht einen Höhepunkt. Dann wird es plötzlich still. Das Geburtstagskind hält eine kleine Ansprache, die mit folgender erstaunlichen Frage abgeschlossen wird:

Aufgabe

Wie viele Personen müssten heute in diesem Raum zusammen kommen, damit mit mehr als 50%iger Wahrscheinlichkeit zwei Personen am gleichen Tag Geburtstag haben? Jeder darf einen Tipp abgeben.

Lösung

Genau 23 Personen sind nötig, um mit mehr als 50 % Erwartung ein Geburtstagspärchen zu finden. Sollten 366 Personen zusammenkommen, ist die Wahrscheinlichkeit 100 %, das liegt auf der Hand. Daher gehen viele Schätzungen in die Richtung 182, 183 Personen, d. h. genau die Hälfte. Der Grund dafür ist der, dass die meisten Menschen sich sofort die Frage stellen, wie wahrscheinlich es ist, dass jemand genau am eigenen Geburtstag geboren wurde. Das ist aber nicht gefragt.

Das Geburtstags-Paradoxon

Bemerkung

Dieses Paradoxon wurde zum ersten Mal in den 80er-Jahren im „Journal of the American Statistical Association" beschrieben. Kaum jemand ist in der Lage, die notwendige Zahl von Gästen auch nur annähernd richtig zu schätzen. Für drei identische Geburtstage mit mehr als 50 %iger Wahrscheinlichkeit sind übrigens 88 Personen nötig, bei vier gleichen Geburtstagen steigt die Zahl der Partygäste auf 187.

Für Schülerinnen und Schüler interessant ist die reine Schätzung der Wahrscheinlichkeit. Als Lehrkraft wollen Sie sicherlich auch die zu Grunde liegende Berechnung wissen. Gehen wir zunächst von einer Minimalgruppe, bestehend aus *zwei* Personen, aus. Und nehmen wir der Einfachheit halber an, das Jahr hat genau 365 Tage. Die Wahrscheinlichkeit für identische Geburtstage ist genau 1/365, d. h. 0,3 Prozent. Bei *drei* Personen wird es etwas komplizierter. Wir können uns aber mit einem Trick behelfen und fragen: Mit welcher Wahrscheinlichkeit sind alle Geburtstage verschieden? Das Ergebnis dieser Rechnung hilft uns weiter. Die Wahrscheinlichkeit für identische Geburtstage ist nämlich immer 1 minus dieses Ergebnis. Wie kommt man nun zur Wahrscheinlichkeit für drei verschiedene Geburtstage? Ganz einfach, die erste Person hat freie Wahl, die zweite darf aus 364 Tagen auswählen, die dritte aus 363. Daher gilt bei drei Personen:

$$\frac{365}{365} \times \frac{364}{365} \times \frac{363}{365} =$$

$0,991 = 99,1 \%$

Die Wahrscheinlichkeit dafür, dass von den drei Personen zwei Personen am gleichen Tag geboren wurden, beträgt genau 0,9 Prozent, d. h. 100 minus 99,1 Prozent.

Gruppengröße	Wahrscheinlichkeit für verschiedene Geb.-Tage (in %)	Wahrscheinlichkeit für mindestens zwei gleiche Geb.-Tage (in %)
2	99,7	0,3
3	**99,1**	**0,9**
4	98,4	1,6
5	97,3	2,7
...	...	...
20	58,9	41,1
21	55,6	44,4
22	52,4	47,6
23	**49,3**	**50,7**
...	...	...
30	29,4	70,6
40	10,9	89,1
50	3,0	97,0

Der Briefumschlag

Präsentation:	Gehirnjogging
Schwierigkeit:	mittel – schwer
Schuljahre:	8–13
Fach:	Mathematik, Philosophie
Material:	Zwei Briefumschläge

Sie beginnen Ihre Stunde mit einem Experiment: Auf dem Lehrertisch liegen zwei versiegelte Briefumschläge. In einem befindet sich ein genau doppelt so wertvoller Euroschein wie in dem anderen Umschlag. Sie kündigen an, einen Ihrer Schüler einen Umschlag wählen und öffnen zu lassen. Angenommen, darin finden sich 100 €. Nun, Ihr Partner in diesem Experiment darf diesen Umschlag behalten oder ihn gegen den anderen tauschen. „Mit gleicher Wahrscheinlichkeit", betonen Sie ausdrücklich, „sind im zweiten Umschlag 50 € wie auch 200 €." Damit kann der Schüler durch den Tausch entweder 50 € verlieren oder 100 € gewinnen. Die Wahrscheinlichkeit spricht also für einen Tausch.

„Das Faszinierende kommt aber erst", setzen Sie fort. „Unabhängig von dem Betrag, der vor Öffnen des ersten Umschlags im Kuvert liegt, gelten die oben angestellten Überlegungen. Auf Grund der Wahrscheinlichkeit mehr zu gewinnen als zu verlieren, müsste die rationale Reaktion daher die sein, den Umschlag zu tauschen, bevor er überhaupt erst geöffnet wird." Was aber, wenn der Schüler oder die Schülerin zuerst den anderen Umschlag genommen hätte? Auch für diesen gelten dieselben Überlegungen. Daher ist auch in diesem Fall ein Tausch vorzuziehen. Das ist nun das Paradoxon. Egal, welcher Umschlag gewählt wird, er muss sofort getauscht werden. So scheint es zumindest.

Aufgabe
Soll nun der Schüler oder die Schülerin tatsächlich tauschen?

Lösung
Ja und nein. Es gibt zwei sich widersprechende Behauptungen.

Erstens: Falls man tauscht, ist der Gewinnbetrag größer als der Verlust. Im Falle eines Gewinnes, gewinnt man n €, im Falle eines Verlustes verliert man aber nur $n/2$ €. Daher Tausch!

Zweitens: Die Differenz der Beträge in beiden Umschlägen ist vor und nach dem Tausch gleich. Nennen wir sie *d*. Wenn man gewinnt, gewinnt man *d* €, wenn man dagegen verliert, verliert man *d* €. Es geht also nur um diesen Betrag. Daher kein Tausch!

Bemerkung
Bei dieser Aufgabe kommt es bei der Lösung nicht so sehr auf ein Ja oder Nein an. Vielmehr geht es darum, dieses Paradoxon mit den Schülerinnen und Schülern zu besprechen und die verschiedensten Gedankengänge zu diskutieren. Welche der beiden Behauptungen entspricht Ihrem Geschmack?

Das Drei-Türen-Problem

Präsentation:	Gehirnjogging/Spiele-System
Schwierigkeit:	mittel – schwer
Schuljahre:	8–13
Fach:	Mathematik, Philosophie
Material:	3 Würfelbecher

Ungeheures Aufsehen erregte in den USA das Drei-Türen-Problem einer amerikanischen Fernsehshow, nachdem Marilyn vos Savant, eine bekannte Kolumnistin, ihre Meinung zu diesem Thema veröffentlichte. Vos Savant ist nicht irgendwer, sondern hat einen der höchsten je gemessenen IQs. *Frag Marilyn* ist daher auch eine der meist gelesenen Kolumnen Amerikas.

Und darum geht es in der Fernsehshow: Ein Kandidat hat die Chance, sich für eine von drei verschlossenen Türen zu entscheiden, sagen wir A, B und C. Hinter zwei der Türen verbirgt sich eine Ziege, bei Wahl der dritten aber gewinnt der Kandidat eine Luxuslimousine. Die Chancen, das Auto zu ergattern, liegen daher bei drei zu eins. Nachdem der Kandidat gewählt hat, öffnet der Showmaster eine der beiden anderen Türen. Da der Showmaster weiß, was sich hinter A, B und C verbirgt, meckert dem Kandidaten eine gut gelaunte Ziege entgegen. Nun kommt der alles entscheidende Moment: Der Kandidat wird ersucht, seine ursprüngliche Wahl nochmals zu überdenken und eventuell zur anderen verbleibenden Tür zu wechseln.

Aufgabe

Soll der Kandidat wechseln oder soll er nicht wechseln? Kann er seine Gewinnaussichten durch einen Wechsel verbessern? Nicht vergessen: Auto und Ziegen bleiben während der gesamten Show unverändert auf ihren Plätzen!

Lösung

Vos Savant schlägt einen Wechsel vor. Weshalb? Zunächst, bei der Wahl der ersten Tür, liegen die Chancen des Kandidaten bei 3:1, wie oben angeführt. Öffnet nun der Showmaster eine der beiden anderen Türen, verändert sich die Chance für die vom Kandidaten gewählte Tür nicht, sie beträgt nach wie vor genau ein Drittel. Da aber die bereits geöffnete Tür wegfällt, die Gesamtwahrscheinlich jedoch immer 1 beträgt, muss die zweite Tür eine Chance von zwei Drittel ergeben. Werfen Sie einen Blick auf die Abbildung. Bleibt der Kandidat bei seiner Wahl, gewinnt er in einem von drei Fällen, ändert er dagegen seine Entscheidung, wird er zweimal strahlender Gewinner einer Luxuslimousine.

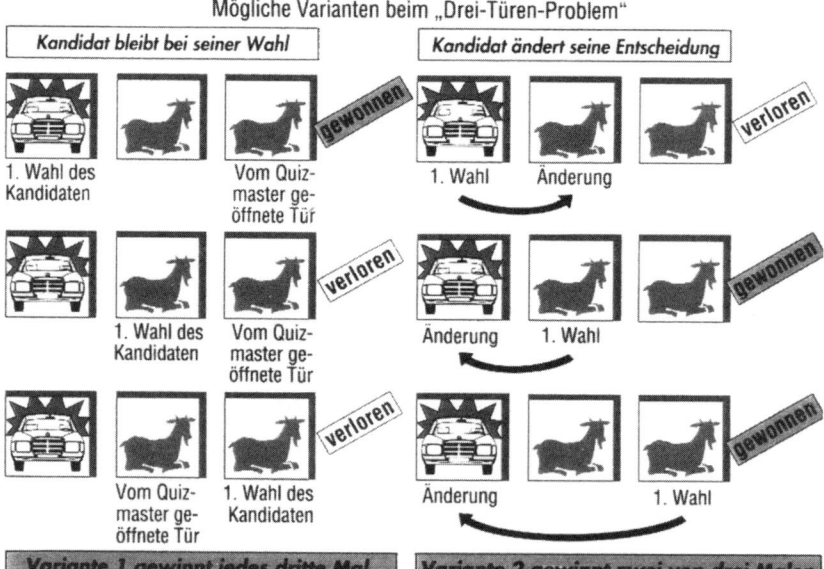

Bemerkung

Der erste Aufsatz zu diesem hochinteressanten Problem der Wahrscheinlichkeitstheorie wurde bereits 1959 von Martin Gardner im Magazin „Scientific American" veröffentlicht, allerdings in einem etwas düsteren Rahmen: Es ging um drei zum Tode verurteilte Gefangene, von denen am Ende einer begnadigt wurde.

Sie können das Drei-Türen-Problem wunderbar im Klassenzimmer demonstrieren. Aber bitte erst, nachdem Sie die Schülerinnen und Schüler um ihre Entscheidung für „Wechsel" oder „Bleiben" befragt haben. Platzieren Sie drei Würfelbecher auf den Tisch und schicken Sie eine beliebige Person aus dem Zimmer. Ein Radiergummi oder dergleichen wird unter einen Becher gelegt, er symbolisiert das Auto. Dann fällt die Entscheidung für A, B oder C, Sie decken einen der nicht gewählten Becher auf und stellen die Frage: wechseln oder bleiben? Um ein statistisch relevantes Resultat zu erreichen, sollten Sie einige Dutzend Versuche machen und das Ergebnis auf der Tafel festhalten. Sie werden über das Erstaunen der Schülerinnen und Schüler verblüfft sein. In zwei Drittel der Fälle bringt der Wechsel den Gewinn, nur in einem Drittel das Beharren auf der ursprünglichen Wahl.

Die Welt ist nur ein Dorf

Präsentation:	Top Tipp
Schwierigkeit:	mittel
Schuljahre:	8–13
Fach:	Fächerübergreifend
Material:	Text

Leiten Sie Ihre Stunde mit folgender Frage ein:

Aufgabe
Über wie viele Stationen seid ihr mit George Bush, Rudi Völler, Arnold Schwarzenegger oder dem Papst bekannt?

„Stationen" bedeutet in diesem Fall: Wie viele Menschen liegen in der Bekanntenkette zwischen dem Befragten und der ausgewählten Person? Ein kleines Beispiel: die Mutter eines Freundes kenne ich über eine einzige Station, nämlich meinen Freund.

Sie werden erstaunt sein, wie vielfältig die Antworten sind. Manche Schülerinnen und Schüler tippen auf zehn bis fünfzehn Stationen, andere wiederum kommen auf einhundert oder mehr. Wie viele Stationen sind es tatsächlich, die Sie von Schwarzenegger oder dem Papst trennen?

Lösung
Vier Stationen.

Nun, es kommt auf die Definition des Begriffs „Bekannter" an. Wenn Sie akzeptieren, dass jemand, den Sie auf der Straße grüßen, ein Bekannter ist, so werden Sie über die hohe Zahl Ihrer „Bekannten" überrascht sein. Egal ob Freundin, Onkel, Nachbarin, Geschäftsmann, Polizistin, Postler, Kirchengemeindemitglied oder Vereinskollegin, alle zählen zu Ihren Bekannten. Wir gehen bei obigen vier Stationen davon aus, dass jeder von uns im Durchschnitt ca. 1 000 Bekannte hat. Diese haben wiederum 1 000 Bekannte, wobei allerdings 900 Überschneidungen zu beachten sind. Immerhin, je 100 Leute gehören nicht in den gemeinsamen Topf. Wenn Sie diese Bekanntenkette miteinander multiplizieren, erreichen Sie im Durchschnitt über vier Stationen praktisch jeden Bewohner unseres Planeten. Mehr als sieben Stationen sind auch im Extremfall kaum zu überschreiten.

Ein Beispiel? Kennen Sie jemanden, der jemanden kennt, der Arnold Schwarzenegger kennt? Oder George Bush? Oder Rudi Völler? Sie werden über die fast hektisch gesuchten Bekanntenketten Ihrer Schülerinnen und Schüler verblüfft sein.

Bemerkung
Diese Aufgabe ist in der Literatur unter dem Begriff „Global Village-Paradoxon" bekannt. Dieser Begriff stammt vom Sozialtheoretiker Marshall McLuhan. Seine Theorie besagt, dass durch die zunehmend intensivierte Kommunikation weltweit stattfindende Ereignisse nicht mehr hintereinander wahrgenommen werden, sondern durch Satellitenübertragung praktisch simultan alle Haushalte erreichen.

Chinesische Würfel

> **Präsentation:** Spiele-System/Teampunkte
> **Schwierigkeit:** mittel
> **Schuljahre:** 8–13
> **Fach:** Mathematik, Werkerziehung
> **Material:** 4 (selbstgebastelte) chinesische Würfel, Spielchips

Die vier magischen „Chinesischen Würfel" haben im Gegensatz zu den uns vertrauten sechs Augenzahlen 1–2–3–4–5–6 eine sehr eigenwillige Beschriftung. Sie sehen folgendermaßen aus:

Würfel A: 7–7–7–7–1–1 Würfel C: 9–9–3–3–3–3
Würfel B: 6–6–5–5–4–4 Würfel D: 8–8–8–2–2–2

Fordern Sie Ihre Schülerinnen und Schüler zu einem simplen Zweipersonenspiel über 36 Würfe. Der jeweilige Spielpartner darf vor jedem einzelnen Wurf jeweils einen der vier chinesischen Würfel wählen, danach nehmen Sie einen der drei übrigen und das Spiel beginnt: Wer den höheren Augenwert wirft, gewinnt einen Spielchip.

Aufgabe
Um fair zu sein, Sie würden dieses Würfelspiel aller Voraussicht nach leicht gewinnen. Warum? Und wie viele der 36 Spielchips würden statistisch gesehen in Ihre Tasche wandern?

Hinweis
Basteln Sie zunächst mit Ihren Kindern die vier chinesischen Würfel und spielen Sie dann gemeinsam mit Ihren Schülerinnen und Schülern 36 Runden durch.

Lösung
24 Spielchips. Egal, welchen Würfel Ihr Spielpartner wählt, Sie nehmen den Würfel, der Ihnen mit einer 2/3–Chance einen Sieg bringenden Wurf ermöglicht. Bei genauer Ansicht der Augen werden Sie sofort feststellen, dass Würfel A mit einer Wahrscheinlichkeit von 2/3 gegen Würfel B gewinnt. Genauso aber schlägt Würfel B in 2/3 der Würfe Würfel C, Würfel C gewinnt in 2/3 der Fälle gegen Würfel D, und zuletzt hat Würfel D eine Sieg-Wahrschein-

lichkeit von 2/3 gegen Würfel A. Als Eingeweihter können Sie daher auf Dauer nur gewinnen.

Chuck-a-Luck

Präsentation:	Spiele-System/Top Tipp
Schwierigkeit:	mittel
Schuljahre:	8–13
Fach:	Mathematik
Material:	3 Würfel, Spielchips

Chuck-a-Luck ist ein altes englisches Kasinospiel, bei dem alle Mitspieler gegen den Bankhalter spielen. Die Einsätze werden zunächst auf die sechs möglichen Würfelfelder platziert:

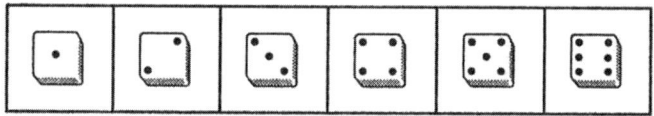

Dann wirft der Bankhalter mit drei Würfeln. Es gibt vier Möglichkeiten: (1) Erscheint eine Augenzahl, die Sie gesetzt haben, zahlt der Bankhalter den Einsatz 1 zu 1 aus. (2) Zeigen zwei Würfel die gewettete Augenzahl, bekommen Sie den doppelten Betrag, also 2 zu 1 ausbezahlt. (3) Bei einem Dreierpasch (also alle drei Würfel fallen auf Ihren Wetteinsatz) wird entsprechend der dreifache Betrag ausgeschüttet. (4) Wird dagegen Ihre Zahl nicht gewürfelt, verlieren Sie Ihren Einsatz.

Es gewinnen also immer drei Zahlen und es verlieren auch drei Zahlen. Auf den ersten Blick ein faires Spiel.

Aufgabe 1
In Wahrheit allerdings gewinnt auf lange Sicht der Bankhalter. Wieso?

Aufgabe 2
Fortgeschrittene Schülerinnen und Schüler können sich auch ausrechnen, wie hoch die Gewinnmarge (d. h. der prozentuale Gewinnanteil) des Bankhalters ist.

Chuck-a-Luck

Hinweis
Zur Demonstration ist es am besten, Ihren Schülerinnen und Schülern Zeit zu geben, einige Runden durchzuspielen (z. B. 36 Runden). Dadurch wird ihr Sinn für die statistischen Erwartungswerte sehr gestärkt.

Lösungen
Aufgabe 1: Der Bankhalter gewinnt immer, wenn zwei oder gar drei seiner Würfel die gleiche Augenzahl zeigen.

Der Bankhalter geht dann leer aus, wenn die drei Würfel auf verschiedene Augen fallen. Wie lässt sich dies gedanklich nachvollziehen? Nun, stellen Sie sich einfach vor, je ein Spielchip wird auf alle sechs Zahlen gesetzt. Bei einem Wurf mit drei verschiedenen Zahlen gewinnt der Bankhalter dreimal je einen Chip, dreimal zahlt er einen Chip aus. Das wäre ein typisches Nullsummenspiel. Ganz anders ist die Situation, wenn zwei gleiche Zahlen gewürfelt werden. Dann zahlt der Bankhalter drei Spielchips, einen für das einfache Auge, zwei für den Pasch. Sie aber verlieren vier Spielchips. Noch schlimmer kommt es, wenn ein Dreierpasch gewürfelt wird. Sie als Spieler erhalten in diesem Fall drei Spielchips, verlieren aber fünf.

Aufgabe 2: Die Gewinnmarge beträgt 7,87 Prozent.

Wie hoch ist die Wahrscheinlichkeit, mit drei Würfeln eine bestimmte Augenzahl, z. B. eine 6, zu werfen? Gehen wir von 216 Würfen aus, das ist die Gesamtsumme der Elementarereignisse (6 x 6 x 6), die mit drei Würfeln möglich ist. In 125 Fällen wird die gesetzte Augenzahl nicht fallen, d. h., es wird kein Gewinn gemacht. In 75 Fällen scheint die 6 einmal auf (Auszahlung 1 zu 1). In 15 Fällen zeigt der Wurf zweimal die 6 (Auszahlung 2 zu 1). Und in genau einem Fall wird der Gewinn bringende Dreierpasch fallen (Auszahlung 3 zu 1). Daher können Sie als Spieler mit durchschnittlich 91 gewonnenen Wetten rechnen (75-mal ein Chip, 15-mal zwei Chips und 1-mal drei Chips, insgesamt also 108 Spielchips). Sie verlieren aber im gleichen Zeitraum 125-mal. Der Bankhalter erhält daher im Durchschnitt 17 von 216 eingesetzten Spielchips, das ist eine Gewinnmarge von genau 7,87 %.

Bemerkung
Chuck-a-Luck ist besonders in den angelsächsischen Ländern ein äußerst populäres Kasinospiel. Kein Wunder, gaukelt es doch den Wettfreunden ein faires Spiel vor. In Wahrheit gewinnt die Bank mehr als beim noch bekannteren und populäreren Roulette.

Geometrische Welten

Manchmal geradezu kinderleicht, dann wieder selbst für Mathematiker nur schwer lösbar, erlauben die geometrischen Aufgaben stundenlange Unterhaltung für jede Altersgruppe.

Schon in prähistorischer Kunst waren Kreise, Rechtecke, Spiralen und Dreiecke immer wiederkehrende Symbole. Dies darf nicht verwundern, sind doch viele geometrische Symbole direkt der Natur entnommen. Zahlreiche mathematische Erkenntnisse sind das unmittelbare Ergebnis geometrischer Beobachtungen, auch in der heutigen Zeit. Man denke nur an die überwältigende Schönheit der Fraktale, an die fast mysteriösen Bilder, die durch diese bizarr anmutende Geometrie entstehen.

Für Schülerinnen und Schüler sind gerade Aufgaben der Kategorie „Geometrische Welten" sehr einprägsam und lustbetont, da Bilder entstehen, die den Denkvorgang weniger abstrakt erscheinen lassen. Dazu kommt, dass die Rätsellöser auf einem Blatt Papier kreativ arbeiten können, selbsttätig oder in kleinen Gruppen.

Geometrische Reptilien

Präsentation:	Drei Treffer/Offenes Lernen (Einzeln, Partner)/Teampunkte/Tempofragen
Schwierigkeit:	leicht – mittel – schwer
Schuljahre:	7–13
Fach:	Mathematik (Geometrie)
Material:	Papier & Bleistift, Stoppuhr, Kopiervorlage

„Geometrische Reptilien teilen sich nicht in zwei Hälften, sondern in Viertel." Mit diesem Einleitungsstatement wird eine überaus spannende Mathematikstunde von Frau Professor Doris Divido eröffnet. „Hier zeige ich euch zwei simple geometrische Reptilien gleich mit der Lösung." Und schon zeichnet Frau Professor Divido ein Quadrat und ein gleichseitiges Dreieck auf die Tafel und teilt beide Figuren mit sicherem Strich so auf, dass vier kleine Quadrate und vier gleichseitige Dreiecke entstehen. „Diese kleinen Reptilien sind Replika der großen, das heißt, sie sehen genauso aus," erläutert die Professorin. „Jetzt aber seid ihr dran." Und damit wird eine Stunde intensiven Denkens eingeläutet. Pro Aufgabe stehen den Rätsellösern fünf Minuten zur Verfügung.

Aufgabe

Wie lassen sich die folgenden Figuren in jeweils vier kongruente Kopien ihrer Selbst aufteilen? Das heißt, Form und Seitenverhältnisse bleiben unverändert, nur die Größe der Figuren wird auf ein Viertel verringert.

Kopiervorlage

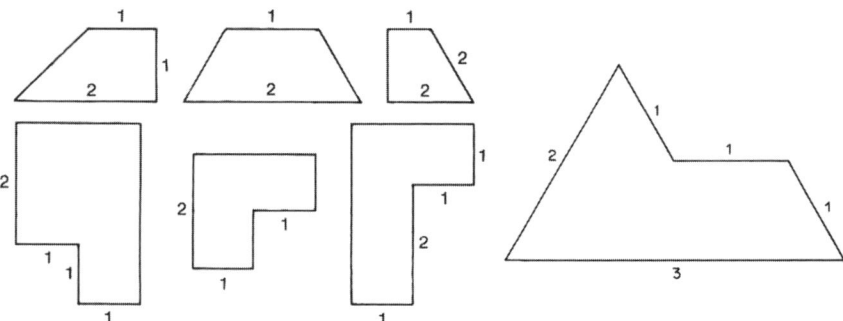

Hinweis

Die kleinen Reptilien dürfen auch Spiegelbilder der großen sein, d. h. sie können seitenverkehrt eingezeichnet werden. Die Ziffern 1, 2 und 3 in der Kopiervorlage beziehen sich auf die jeweilige Seitenlänge der Originalfiguren.

Sie sollten diese Rätselfiguren einzeln vorlegen. Dadurch vermeiden Sie ein Herumspringen von Figur zu Figur und zu frühes Aufgeben.

Lösungen

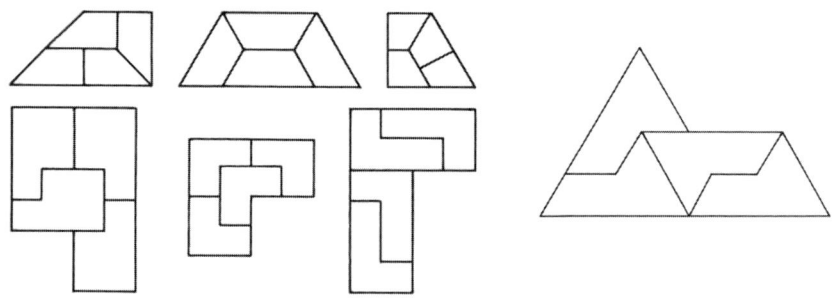

Der Hindu

Präsentation:	Offenes Lernen (Einzeln, Partner)/ Teampunkte
Schwierigkeit:	leicht
Schuljahre:	5–7
Fach:	Mathematik (Geometrie)
Material:	Papier und Bleistift, Stoppuhr, Kopiervorlage

Für ihre jungen Schülerinnen und Schüler stellt Frau Professor Doris Divido diesmal ein aus Indien stammendes Rätsel vor. Hierzu legt sie jedem Kind die unten stehende Kopie vor und stellt dazu folgende Frage:

Der Hindu 47

Aufgabe
„Wie viele Quadrate kann man in der Zeichnung dieses Hindujungen zählen?"

Kopiervorlage

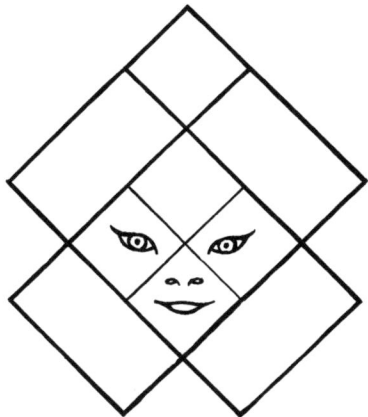

Manche Kinder finden fast auf einen Blick die Lösung. Wie geht es Ihnen? Mehr als eine Minute sollten Sie für diese Aufgabe nicht benötigen.

Lösung
11 Quadrate: 5 kleine, 5 mittlere, 1 großes.

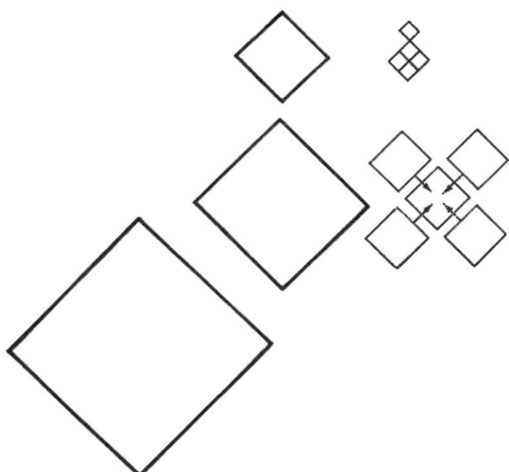

Die Katze

Präsentation:	Offenes Lernen (Einzeln, Partner)/ Teampunkte/Tempofragen
Schwierigkeit:	leicht
Schuljahre:	5–7
Fach:	Mathematik (Geometrie)
Material:	Papier und Bleistift, Stoppuhr, Kopiervorlage

Frau Professor Divido fordert ihre gespannten Schülerinnen und Schüler auf:

Aufgabe
„Zählt mal schnell die Zahl der Dreiecke, aus denen sich die abgebildete Katze zusammensetzt. Könnt ihr die Lösung in zwei Minuten finden?"

Kopiervorlage

Der Weg zum Fluss

Lösung
20 Dreiecke:
Kopf 10,
Körper und Füße 3,
Schwanz 7.

Der Weg zum Fluss

Präsentation:	Gehirnjogging/Teampunkte
Schwierigkeit:	schwer
Schuljahre:	7–13
Fach:	Mathematik (Geometrie)
Material:	Papier und Bleistift, Stoppuhr, Kopiervorlage

„Heute habe ich für euch ein uraltes Rätsel." Mit freundlichem Lächeln skizziert Frau Professor Divido folgende Zeichnung auf die Tafel.

Kopiervorlage

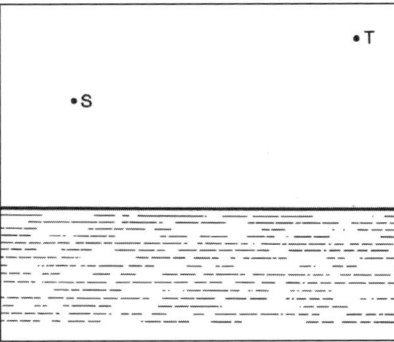

Aufgabe

Sambo (S) wohnt in der Nähe eines Flusses in einem kleinen afrikanischen Dorf. Er wird von seiner Tante (T) gebeten, ihr einen Eimer Wasser in die Hütte zu bringen. Da Sambo nicht gerne Wasser schleppt, versucht er den kürzesten Weg zurückzulegen. Wo genau am Flussufer sollte er Wasser schöpfen?

Hinweis

Die Schülerinnen und Schüler sollten zunächst auf der Kopiervorlage den genauen Punkt markieren. Wer nicht nur gefühlsmäßig die optimale Stelle findet, sondern seine Entscheidung auch begründen kann, muss tatsächlich ein exzellentes geometrisches Vorstellungsvermögen haben.

Lösung

Sambos Ziel für das Wasserschöpfen muss Punkt P sein. Dieser liegt auf der Geraden, die den Reflexionspunkt von Sambos Dorf im Wasser (S') – gleicher Abstand, im rechten Winkel zur Wasserfläche – mit der Hütte der Tante verbindet. Die zurückgelegte Strecke SP entspricht genau der Strecke S'P. Und einen kürzeren Weg als eine Gerade wird Sambo nicht finden können.

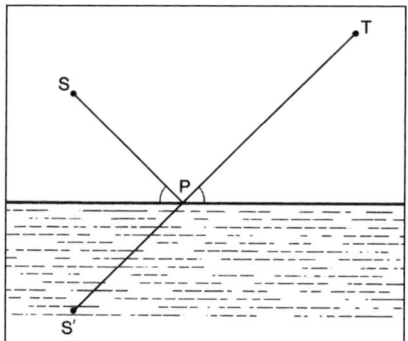

Bemerkung

Das Original zu diesem Rätsel stammt von Heron von Alexandria (ca. 75 v. Chr.) und lautet folgendermaßen: Ein Lichtstrahl geht von Punkt A nach Punkt B, wobei er von einem Spiegel reflektiert wird. Nehmen wir an, der Lichtstrahl legt immer den kürzesten Weg zurück. Wo genau muss er auf den Spiegel treffen?

Eisenbahnschienen

Präsentation:	Gehirnjogging/Top Tipp
Schwierigkeit:	mittel
Schuljahre:	7–13
Fach:	Geographie, Mathematik
Material:	Papier und Bleistift

Frau Professor Divido baut als Hobby zusammen mit ihrem Ehemann Miniatureisenbahnanlagen. Eines Tages stößt sie im Internet auf eine kleine geographisch-physikalische Frage:

Aufgabe
Angenommen, eine 5 000 m lange Eisenbahnschiene verbindet zwei Dörfer miteinander. Die Enden sind fix mit der Erde verbunden und es ist ein heißer Sommertag. Nehmen wir weiter an, dass sich die Schiene auf Grund der hohen Temperatur auf der vollen Länge um zwei Meter ausdehnt. Wie stark ist die Aufwölbung in der Mitte?

„Na ja, ein paar Zentimeter", denkt Frau Professor Divido im ersten Moment – doch dann fängt sie an zu zeichnen und zu rechnen.

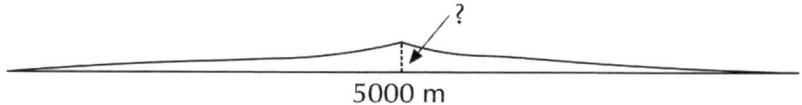

5000 m

Lösung
Ca. 67 m (Jede Antwort zwischen 64 m und 70 m gilt als richtig.).

Unglaublich, aber wahr! Da die Länge des vollen Schienenstrangs nach Sonneneinstrahlung 5002 m beträgt, die Hälfte daher 2501 m ausmacht, muss mit dem Satz von Pythagoras eine Aufwölbung von 70 m errechnet werden ($2501^2 = x^2 + 2500^2$). Da aber die Wölbung physikalisch gesehen nicht gleichmäßig erfolgt, sondern eine Kurve macht, ist ein Kulminationspunkt von ca. 67 m zu erwarten.

Bemerkung
Ganz ähnliche Überlegungen dürften für die Bildung von Faltengebirgen in den Sedimentationströgen (Ablagerungen) gelten. Selbstverständlich gehen

die Gesteinsverschiebungen nicht mit mathematischer Präzision vor sich, daher kann kein starrer Wert wie in obigem Beispiel errechnet werden. Aber es scheint fest zu stehen, dass geringe horizontale Veränderungen in den Druckverhältnissen enorme vertikale Auswirkungen haben. Fällt es Ihnen jetzt leichter, sich einen Achttausender wie den Mt. Everest vorzustellen? Diese Aufgabe lässt sich relativ leicht mit einem Papierstreifen experimentell nachvollziehen.

Das verschwundene Quadrat

Präsentation:	Gehirnjogging/Tempofragen
Schwierigkeit:	mittel
Schuljahre:	7–10
Fach:	Mathematik (Geometrie)
Material:	Kopiervorlage (ausgeschnitten)

Paul Curry ist von Beruf Zauberkünstler. Eines Tages kramt er bei einer Vorführung Papierstückchen aus seiner Brieftasche und überrascht sein Publikum mit der folgenden Aufgabe: Zuerst setzt er das linke Quadrat zusammen, unmittelbar darauf vor den verblüfften Augen der Zuschauer das rechte mit dem Loch in der Mitte. Dann fragt er die verblüfften Zuschauer:

Aufgabe
„Wohin ist das 49. Quadrat verschwunden?"

Kopiervorlage

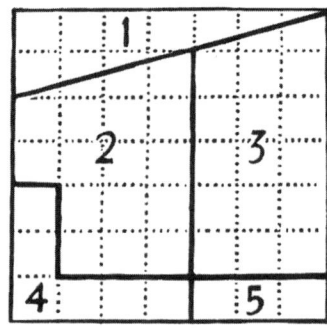
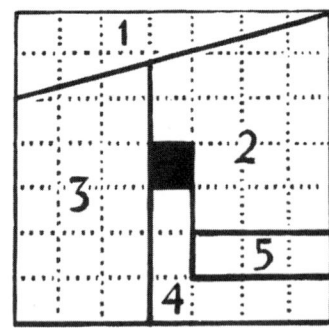

Fünfeckpuzzle

Tipp
Selbstverständlich können Sie Ihren Schülerinnen und Schülern einfach die Kopiervorlage vorlegen und die Frage nach dem verschwundenen Quadrat stellen. Effektvoller ist aber das Zusammensetzen der Figur vor den Augen der Kinder.

Lösung
Jedes kleine Quadrat entlang des diagonalen Schnitts wird um ein wenig höher als breit. Daher ist die rechte Abbildung kein perfektes Quadrat, sondern wird um genau die Fläche des verschwundenen Quadrats in der Höhe verzerrt. Das verschwundene Quadrat „steckt" im Spalt zwischen den Teilen „1–3–2". Bei einem nicht allzu großen Modell ist diese Abweichung aber mit freiem Auge kaum zu sehen.

Bemerkung
Diese Version des verschwundenen Quadrats stammt vom New Yorker Zauberkünstler Paul Curry. Sie müssen die Teile vorbereiten oder mit Ihrer Klasse aus einem karierten Papier ausschneiden und dann eines der Modelle einfach vor den Schülern zusammensetzen. Die Frage wird für Ihre Schülerinnen und Schüler gar nicht einfach zu beantworten sein. Unser Auge tut sich bei dieser Trickgeometrie ungemein schwer.

Fünfeckpuzzle

Präsentation:	Teampunkte/Tempofragen
Schwierigkeit:	leicht – mittel
Schuljahre:	5–8
Fach:	Mathematik (Geometrie)
Material:	Papier und Bleistift, Stoppuhr, Kopiervorlage

„Wer von euch hat das beste Auge?" Mit dieser Frage legt Frau Professor Divido ihren Schülerinnen und Schülern eine geometrische Kopiervorlage auf den Tisch.

Aufgabe
Kann jemand in fünf Minuten die Zahl der Dreiecke in der abgebildeten Figur zählen?

Kopiervorlage

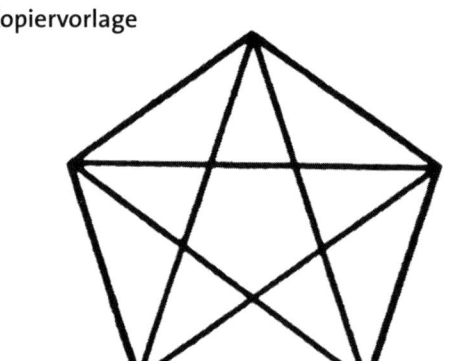

Und schon wird die Stoppuhr in Gang gesetzt. Es ist nicht ganz so leicht, wie es vielleicht auf den ersten Blick zu sein scheint.

Lösung
Es sind genau 35 Dreiecke.

Sprossenzauber

Präsentation:	Spiele-System/Teampunkte
Schwierigkeit:	leicht – mittel
Schuljahre:	5–10
Fach:	Mathematik (Geometrie)
Material:	Papier und Bleistift

Für ihre spielfreudige Klasse bietet Frau Professor Divido ein einfaches faszinierendes Spiel an, das von zwei Cambridgewissenschaftlern entworfen wurde. Verwendet wird ein glattes Blatt Papier, auf dem 3 bis 10 Punkte markiert sind.

Spielidee: Sprouts
Abwechselnd verbinden die Spieler mit zwei verschieden farbigen Stiften zwei Punkte miteinander. Folgende Regeln gelten: (1) Die Verbindungslinien dürfen keine andere Linie kreuzen. (2) Die Verbindungslinien dürfen durch keinen dritten Punkt gehen. (3) Von keinem Punkt dürfen mehr als drei Linien ausgehen. Sobald eine dritte Linie von einem Punkt wegführt, ist dieser „tot". (4) Auf der im jeweiligen Spielzug gemachten Verbindungslinie wird ein weiterer Punkt (ein „Sprout") gesetzt. Wer keine Linie mehr ziehen kann, hat das Spiel verloren.

Sprossenzauber

Abbildung 1 zeigt die verschiedenen Zugmöglichkeiten für den Startspieler, Abbildung 2 ein Musterspiel mit drei Startpunkten, bei dem der zweite Spieler verloren hat.

Abbildung 1

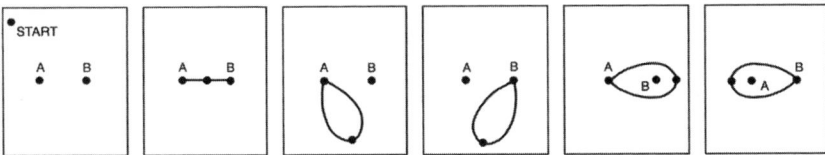

Abbildung 2

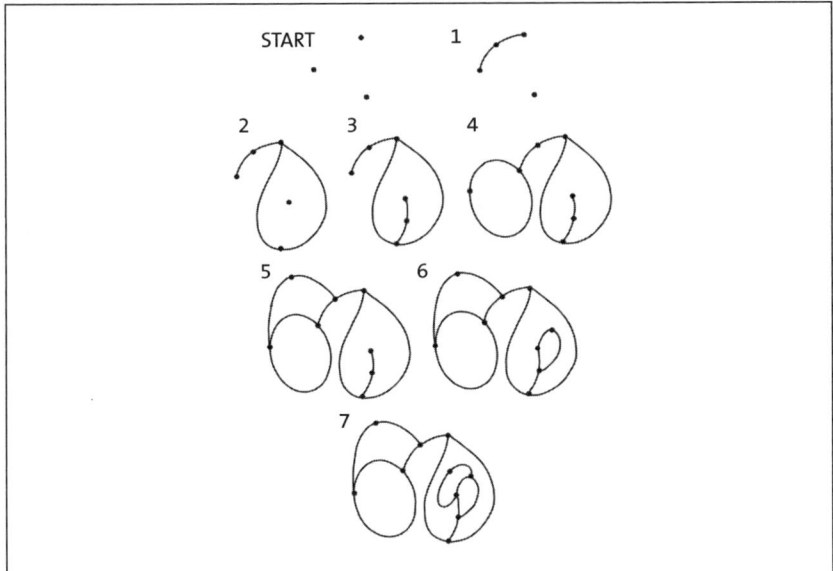

Tipp
Geben Sie Ihren Schülerinnen und Schülern Zeit, zunächst einige Matches durchzuspielen. Erst danach stellen Sie die folgenden zwei Fragen:

Aufgabe
„Wie viele Züge sind bei einem Spiel mit drei Punkten maximal möglich? Und wer gewinnt bei korrektem Spiel: der Startspieler oder sein Gegner?"

Lösung
Höchstens 8 Züge. Der Startspieler sollte gewinnen.

Die 8 Züge errechnen sich aus der Formel $3n-1$, wobei n die Anzahl der Ausgangspunkte ist. Bei vier Punkten sind daher maximal 11 Züge, bei fünf Punkten 14 usw. möglich. Auch bei vier und fünf Punkten ist bei optimalem Spiel ein Gewinn des Startspielers unvermeidlich.

Bemerkung
Die Autoren von „Sprouts" heißen John Conway und Michael Paterson und haben dieses Spiel in den späten 60er-Jahren in Cambridge entwickelt. Mit Schulklassen können Sie „Sprouts" auch in Turnierform austragen, wobei für einen Spielsieg immer drei Kurzpartien mit unterschiedlicher Startpunktezahl (zwischen 3 und 8) ausgetragen werden. Durch Los wird der Startspieler der ersten Partie ermittelt, danach beginnt derjenige, der verloren hat. Die Startpunktezahl wird von Partie zu Partie erhöht.

Karteikartentwist

Präsentation:	Offenes Lernen (Einzeln)/ Teampunkte/Tempofragen
Schwierigkeit:	mittel
Schuljahre:	5–8
Fach:	Mathematik (Geometrie)
Material:	Karteikarten, Schere

Frau Professor Divido stellt ein selbst gebasteltes Modell auf ihren Tisch und beschäftigt mit der folgenden Aufgabe ihre Schülerinnen und Schüler für die nächste Viertelstunde. „Ihr dürft das Modell aber keinesfalls in die Hand nehmen. Die Lösung muss mit dem Auge gefunden werden!"

Aufgabe
Versucht, eine ganz gewöhnliche Karteikarte mit drei Schnitten einer Schere so zuzuschneiden und anschließend zurechtzudrehen, dass die abgebildete Figur entsteht! Sie setzt sich aus drei großen und zwei kleinen Flächen zusammen.

Karteikartentwist 57

Abbildung
Die linke Abbildung zeigt die Figur von oben, die rechte von unten.

Lösung
Zunächst muss der Schüler oder die Schülerin die Schnittflächen zwischen 1 und 2, 4 und 3 sowie 5 und 3 anbringen. Danach werden die Flächen 2, 3 und 5 als Block um 180° auf den Schüler hin gedreht. Als letzter Schritt werden die 1 und die verkehrte 5 zum Schüler hin gekippt. Schon steht die Karteikarte in der abgebildeten Form.

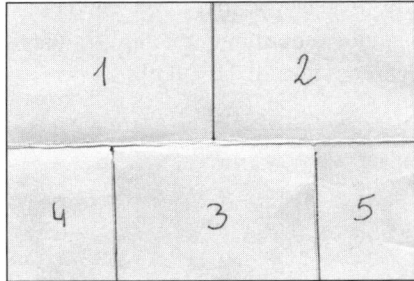

Bemerkung
Als Lehrerin oder Lehrer sollten Sie ein Muster dieser Figur zunächst selbst vorbereiten. Die Schülerinnen und Schüler müssen die Lösung jedoch finden, ohne dieses Muster zu berühren. Der Spaß an dieser Aufgabe liegt darin, nur durch Beobachtung auf den Karteikartentwist zu kommen.

Nur für Querdenker: 9 Punkte

Präsentation:	Drei Treffer/Offenes Lernen (Einzeln)/Teampunkte/Tempofragen
Schwierigkeit:	mittel
Schuljahre:	5–8
Fach:	Mathematik (Geometrie)
Material:	Papier und Bleistift, Kopiervorlage

Die folgenden Aufgabenstellungen klingen sehr einfach:

Aufgabe
„Verbinde neun Punkte auf einem Blatt Papier."

Manche Lösungen zu simplen geometrischen Aufgaben folgen nicht immer dem rein „logischen" Pfad. Ganz im Gegenteil – Querdenker unter den Rätselfreunden haben ganz entscheidende Vorteile. Die hier präsentierte Aufgabenkette verlangt von Ihren Schülerinnen und Schülern einen sehr kreativen Denkansatz. Nur wer sich von den eingefahrenen Schemata zu befreien vermag, ist in der Lage, schnelle und überraschende Lösungsansätze zu sehen.

Hinweis
Bei den Aufgaben 2 bis 5 ist es wichtig, auf die genaue Wortstellung zu achten. Es handelt sich genau genommen um Fangfragen. Bitte weisen Sie Ihre Schülerinnen und Schüler speziell darauf hin.

Kopiervorlage

```
•   •   •

•   •   •

•   •   •
```

Nur für Querdenker: 9 Punkte

Aufgabe 1
Kannst du die in der Abbildung gezeigten neun „Querdenker"-Punkte mit vier geraden Strichen in einem Linienzug, d. h. ohne den Bleistift vom Papier zu nehmen, verbinden?

Aufgabe 2
Versuche nun, die neun „Querdenker"-Punkte mit nur drei geraden Linien zu verbinden.

Aufgabe 3
Als Extraverschärfung sind die neun „Querdenker"-Punkte nun mit nur drei geraden Linien zu verbinden, ohne allerdings dabei den Bleistift abzusetzen.

Aufgabe 4
Diesmal sind die „Querdenker"-Punkte mit genau einer Linie zu verbinden, die zudem keine Ecken haben darf.

Aufgabe 5
Nun sind die neun Punkte mit nur einer geraden Linie zu verbinden. Das scheint vielleicht auf den ersten Blick unmöglich, aber nicht für einen erfolgreichen Querdenker!

Lösungen

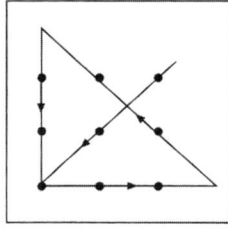 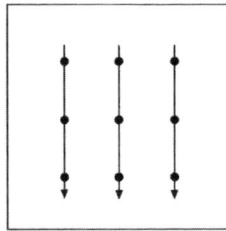 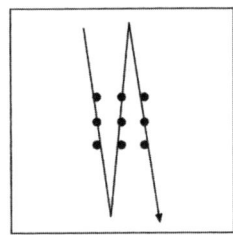

Aufgabe 1 *Aufgabe 2* *Aufgabe 3*

Aufgabe 1: Für den Querdenker gilt: Verlasse den beengenden Raum der neun Punkte.
Aufgabe 2: Die drei Linien müssen diesmal nicht zusammenhängen.
Aufgabe 3: Die abgebildeten Punkte haben auch eine bestimmte Ausdehnung.

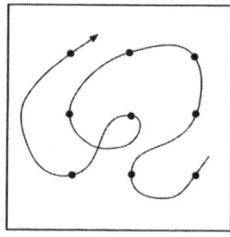 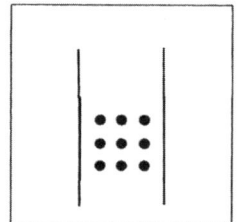

Aufgabe 4   Aufgabe 5

Aufgabe 4: (eine von unendlich vielen Lösungen) – Echt Querdenker!
Aufgabe 5: Als echter Querdenker stellst du dir einfach eine „dicke Linie" vor.

Querdenker: 12 & 16 Punkte

Präsentation:	Offenes Lernen (Einzeln)/ Teampunkte/Tempofragen
Schwierigkeit:	mittel
Schuljahre:	5–8
Fach:	Mathematik (Geometrie)
Material:	Papier und Bleistift, Kopiervorlagen

Im zweiten Teil der „Querdenker-Rätsel" sind zwölf beziehungsweise sechzehn Punkte die Ausgangsbasis der Aufgaben.

Kopiervorlage 1   **Kopiervorlage 2**

Querdenker: 12 & 16 Punkte

Aufgabe 1
Verbinde die zwölf Punkte der Abbildung 1 mit fünf geraden Linien, ohne den Bleistift abzusetzen.

Aufgabe 2
Auch diesmal müssen die zwölf Punkte der Abbildung 1 miteinander in einem Linienzug verbunden werden. Zusätzlich muss die fünfte Linie am Ausgangspunkt enden.

Es geht hier also um einen geschlossenen Linienzug. Das Blatt darf nicht geknickt werden und außerdem sind Punkte als „ausdehnungslos" und Linien wie in der Geometrie üblich „ohne Breite" zu sehen.

Aufgabe 3
Versuche nun, die sechzehn Punkte der Abbildung 2 in einem Zug zu verbinden und außerdem wieder beim Ausgangspunkt zu landen. Wie viele Linien sind dazu nötig?

Lösungen

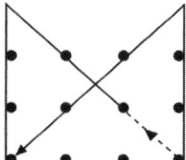

Aufgabe 1

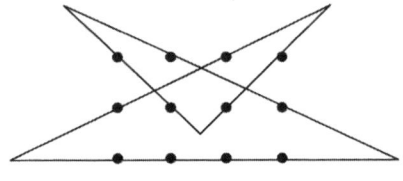

Aufgabe 2

Aufgabe 1: Nach der Neun-Punkte-Übung ist diese Aufgabe wahrscheinlich kein Problem mehr.
Aufgabe 2: Nicht ganz einfach, besonders der Knick im Inneren.
Aufgabe 3: Sechs Linien sind für diese symmetrische Lösung nötig.

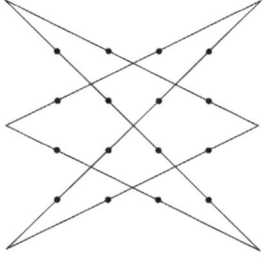

Aufgabe 3

Das Haus des Nikolaus

> **Präsentation:** Offenes Lernen (Einzeln, Partner, Gruppe)/Teampunkte/Tempofragen
> **Schwierigkeit:** leicht – mittel
> **Schuljahre:** 5–7
> **Fach:** Mathematik (Geometrie)
> **Material:** Papier und Bleistift, Stoppuhr

Das abgebildete „Haus des Nikolaus" ist ein bekanntes Zeichenspiel für Kinder. Die aus acht Strichen bestehende Zeichnung muss in einem Zug zu Papier gebracht werden, ohne dass der Bleistift abgesetzt, eine Linie doppelt gezogen oder an den Kreuzungspunkten der Diagonalen abgebogen wird. Während des Zeichnens wird bei jedem Strich eine Silbe des Satzes „Das ist das Haus des Ni-ko-laus" vorgesagt.

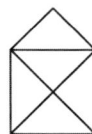

Aufgabe
Die Schülerinnen und Schüler haben fünf Minuten Zeit, so viele verschiedene Häuser wie möglich zu Papier zu bringen. Dabei wird jeweils in der linken unteren Ecke begonnen. Wie viele verschiedene Häuser gibt es?

Lösung
22 unterschiedliche Häuser können beginnend mit der linken unteren Ecke gezeichnet werden.

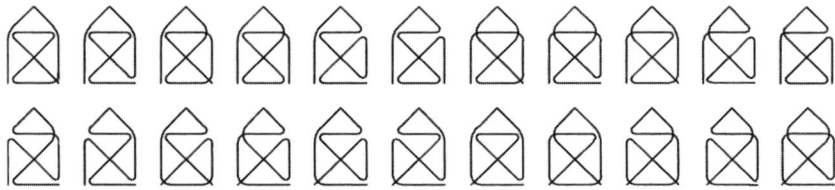

Hinweis
Da beim Zeichnen in einem Zug jede Ecke einen „Eingang" und einen „Ausgang" hat, muss die Anzahl der Linien in den Ecken mit Ausnahme der Start- und Endpunkte des Linienzuges gerade sein. Daher kann dieses Haus nur von einer der beiden unteren Ecken aus gezeichnet werden. Denn nur in diesen kommt eine ungerade Zahl von Linien, nämlich drei, zusammen.

Der Teppich

Präsentation:	Gehirnjogging/Teampunkte
Schwierigkeit:	schwer
Schuljahre:	7–13
Fach:	Mathematik (Geometrie)
Material:	Kopiervorlage, Papier und Bleistift

Ein Teppich aus 12 mal 9 quadratischen Flicken hat leider im Laufe der Zeit einen 8 Quadrate langen Riss in der Mitte bekommen. Daher soll dieser Teppich entlang beliebiger Quadratgrenzen in zwei Stücke geschnitten und anschließend zu einem 10 mal 10 großen neuen Teppich zusammengeflickt werden.

Kopiervorlage

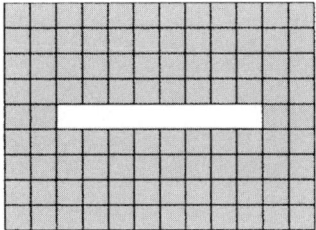

Aufgabe
Wie muss der Schnitt verlaufen?

Hinweis
Halten Sie für jeden Rätsellöser mehrere kopierte Teppichvorlagen bereit. Es wird kaum jemandem auf Anhieb gelingen, den „goldenen Schnitt" zu finden.

Lösung

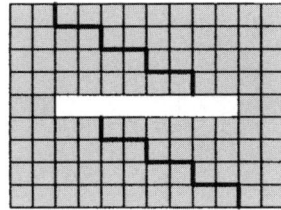 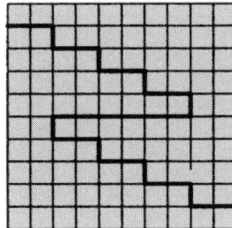

Die Erbschaft

Präsentation:	Tempofragen /Teampunkte
Schwierigkeit:	mittel
Schuljahre:	7–10
Fach:	Mathematik (Geometrie)
Material:	Kopiervorlage

Nicht leicht haben es vier Erben bei der gerechten Aufteilung ihrer Erbschaft:

Aufgabe

Das unten abgebildete Grundstück mit dem Dreieckszwickel soll unter die vier Söhne eines amerikanischen Geschäftsmannes aufgeteilt werden. Dabei ist zu beachten, dass jeder Sohn einen in Form und Größe gleichen Teil der Gesamtfläche erhält.

Kopiervorlage

Hinweis

Jeder Sohn bekommt zwei nicht-zusammenhängende Grundstücke, wobei eines genau doppelt so groß ist wie das andere.

Lösung

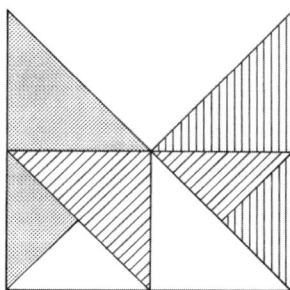

Getäuschtes Auge

Der Mensch ist ein Augentier, so meinen zumindest Psychologen. Umso erstaunlicher, dass trotz der hohen Dichte der Wahrnehmung über das menschliche Auge immer wieder der Blick auf das Wesentliche verstellt erscheint. Wir sehen eben so, wie wir es gelernt haben. Unsere Fähigkeit, Größen und Formen richtig einzuschätzen, wird stark vom Kontext, in dem die betrachteten Objekte stehen, beeinträchtigt. Obwohl uns dies bewusst sein mag, ist es bisweilen unmöglich, unsere Wahrnehmung der jeweiligen Situation anzupassen. Ähnlich leicht getäuscht wird unser Auge, wenn wir ein dreidimensionales Objekt, das auf einem Blatt Papier zweidimensional dargestellt wird, durch fehlende Tiefe verändert wahrnehmen. Unser Hirn macht dann Übereinstimmungen, die nicht der Realität entsprechen, und liefert eine falsche Übersetzung des Gesehenen.

Ein anderes Problem entsteht, wenn der üblicherweise hellere Hintergrund im Vergleich zu einem dunkleren und kleineren Objekt eine andere, ungewohnte Schattenwirkung hat. Dabei kann es vorkommen, dass es uns unmöglich wird, Objekt und Hintergrund voneinander zu unterscheiden. In eine ganz andere Kategorie fallen optische Täuschungen, die auf Grund falscher Wahrnehmung von Bewegung entstehen. Sie sind vom Auftreffen beziehungsweise Nichtauftreffen weißen Lichts auf bestimmte lichtempfindliche Teile der Retina abhängig.

Gerade in der Klasse stoßen alle optischen Illusionen und Bilderrätsel auf großes Interesse. Der Grund liegt zweifellos in der stark visuellen Einprägsamkeit dieser Themen. Die Kinder finden nicht einfach durch logisches Nachdenken eine Lösung, sondern sind ausnahmsweise auf die sonst eher vernachlässigte rechte Gehirnhälfte angewiesen. Daher sind die in diesem Buch angebotenen Bilderrätsel auch im Offenen Lernen sehr gut zu verwenden. Gerade bei der Kunstbetrachtung oder in der Psychologie ist eine Einführung in das Thema Wahrnehmung durch die hier vorliegenden Aufgaben sehr zu empfehlen. Die Schülerinnen und Schüler werden dadurch angeregt, sich mit den Problemen einer objektiven Bildbetrachtung intensiver auseinander zu setzen.

Kippbilder

Präsentation:	Offenes Lernen (Einzeln)/ Teampunkte
Schwierigkeit:	leicht
Schuljahre:	5–10
Fach:	Bildende Kunst, Psychologie, Deutsch
Material:	Kopiervorlage

Geben Sie den Schülerinnen und Schülern einige Sekunden Zeit, sodass die Abbildungen 1 und 2 auf sie einwirken können. Stellen Sie dazu folgende Fragen:

Aufgabe
Könnt ihr in Abbildung 1 zwei Ansichten erkennen?
Bewegt sich der Käfer in Abbildung 2 innerhalb oder außerhalb der Schachtel?

Kopiervorlage

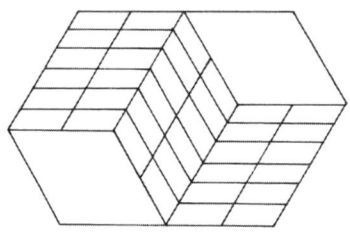

Abbildung 1

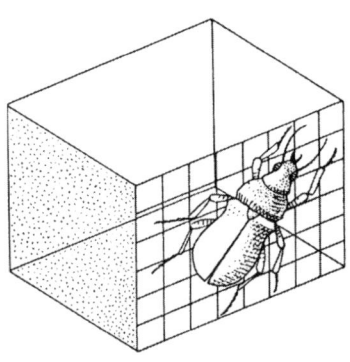

Abbildung 2

Der blinde Fleck   67

Lösung
Die zwei Kippbilder sollen unsere Fähigkeit schulen, Dinge auf verschiedene Sichtweisen zu betrachten. In Abbildung 2 ist der Käfer innerhalb oder außerhalb der Box zu sehen, je nachdem, wie man fokussiert.

Der blinde Fleck

Präsentation:	Offenes Lernen (Einzeln)
Schwierigkeit:	leicht
Schuljahre:	5–8
Fach:	Bildende Kunst, Psychologie, Deutsch
Material:	Kopiervorlage

Aufgabe
Schafft ihr es, ohne Hilfsmittel wie Schere, Radiergummi und dergleichen den Kopf in der Abbildung verschwinden zu lassen?

Hinweis
Achtung, es handelt sich fast um eine Fangfrage. Das Wort „verschwinden" darf man hier nicht zu wörtlich nehmen.

Kopiervorlage

Lösung
Man muss nur das linke Auge schließen und mit dem rechten die Zielscheibe fixieren. Dann bewegt man das Blatt langsam zum Auge hin. Der Kopf wird schließlich völlig verschwinden.

Das Labyrinth des Minotaurus

Präsentation:	Offenes Lernen (Einzeln)/ Teampunkte
Schwierigkeit:	leicht
Schuljahre:	5–8
Fach:	Bildende Kunst, Mathematik (Geometrie), Psychologie
Material:	Kopiervorlage, Stoppuhr

Eine alte griechische Sage berichtet von Theseus und dem schrecklichen Minotaurus, halb Mensch, halb Stier, der im berühmten Labyrinth auf Kreta hauste. Verzweifelt suchte Theseus nach dem richtigen Weg in diesem minoischen Irrgarten.

Aufgabe
Findet ihr innerhalb von 5 Minuten vom Startfeld zum Stierkopf? Womöglich im ersten Versuch sogar, ohne den Weg direkt einzuzeichnen?

Kopiervorlage

Start

Sternensuche

Lösung

Sternensuche

Präsentation:	Tempofragen/Offenes Lernen (Einzeln)/Teampunkte
Schwierigkeit:	mittel
Schuljahre:	5–10
Fach:	Bildende Kunst, Psychologie
Material:	Kopiervorlage, Stoppuhr

Ein Wirrwarr von geometrischen Figuren macht es für unser Auge sehr schwer, Regelmäßigkeiten zu erkennen.

Aufgabe
Seht ihr in dieser Abbildung den verborgenen, fünfzackigen Stern?

Geben Sie Ihren Schülerinnen und Schülern fünf Minuten Zeit, die Konturen mit einem Farbstift einzuzeichnen.

Kopiervorlage

Lösung

30-Sekunden-Illusionen

Präsentation:	Offenes Lernen (Einzeln)
Schwierigkeit:	leicht
Schuljahre:	5–10
Fach:	Bildende Kunst, Psychologie
Material:	Kopiervorlage, Stoppuhr

30-Sekunden-Illusionen 71

Eine unglaubliche Illusion erfordert nur wenige Sekunden der geistigen Konzentration:

Kopiervorlage

Freakish I
Starrt ca. 30 bis 40 Sekunden auf die vier kleinen Punkte in der Abbildung. Danach richtet den Blick auf eine glatte, möglichst einfarbige Wand. Es wird sich langsam ein heller Fleck bilden. Ein- bis zweimal blinzeln und es entsteht etwas in diesem Fleck. Was seht ihr?

Abbildung Freakish I

Freakish II
Eine der beiden Figuren scheint frei über dem Abgrund zu schweben. Welche?

Abbildung Freakish II

Freakish III
Konzentriert euch auf den schwarzen Punkt in der Mitte der Graphik. Was passiert, wenn ihr das Blatt langsam zum Kopf hin oder vom Kopf weg bewegt?

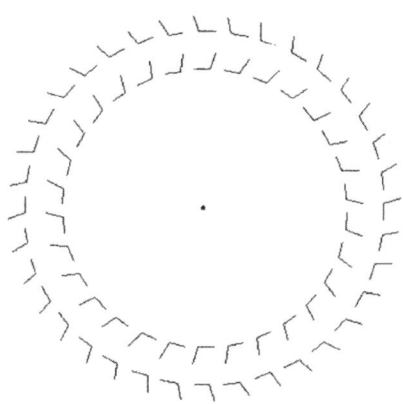

Abbildung Freakish III

Lösungen

Freakish I: Jesus-Christus-Kopf.
Freakish II: Keine Figur schwebt, keine ist fest am Boden verankert. Die Illusion entsteht nur in unserem Kopf. In der Wirklichkeit ist diese Zeichnung nicht nachzustellen.
Freakish III: Ein sich im bzw. gegen den Uhrzeigersinn drehendes Rad.

Wortillusionen

Präsentation:	Offenes Lernen (Einzeln)/ Teampunkte
Schwierigkeit:	leicht – mittel
Schuljahre:	5–10
Fach:	Bildende Kunst, Deutsch, Englisch, Psychologie
Material:	Kopiervorlage

Für manche Menschen ist es gar nicht einfach, die folgenden visuellen Rätsel zu lösen.

Aufgabe
Was seht ihr auf den ersten Blick?

Kopiervorlage

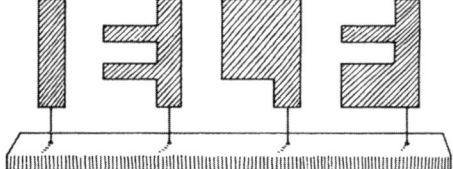
Test 1

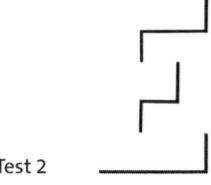
Test 2

Test 3

Figurenillusionen

Hinweis
Weisen Sie Ihre Schülerinnen und Schüler darauf hin, dass sie den die Darstellung umgebenden Raum mit in ihre Betrachtung einbeziehen. Bei Test 3 soll der englische Text mit klaren Worten genau so vorgelesen werden, wie er auf dem Blatt steht.

Lösungen
Test 1: Elf
Test 2: E
Test 3: Fast alle Testpersonen lesen beim ersten Versuch das „the" nur einmal, obwohl es zweimal auf dem Blatt steht.

Figurenillusionen

Präsentation:	Drei Treffer/Offenes Lernen (Einzeln)/Teampunkte
Schwierigkeit:	leicht
Schuljahre:	5–10
Fach:	Fächerübergreifend
Material:	Kopiervorlage, Stoppuhr

Viele Menschen haben bisweilen das Gefühl, den Wald vor lauter Bäumen nicht zu sehen. Doch auch für Profidenker ist es nicht immer einfach, einen klaren Blick zu bewahren. Nun ja, die folgenden Aufgaben verlangen wirklich einiges an visueller Vorstellungskraft, wenn auch meist die Lösung sehr spontan, also von einer Sekunde auf die andere, im wahrsten Sinne des Wortes ins Auge sticht. „Kein Problem für mich," werden Sie bzw. Ihre Schülerinnen und Schüler sagen. Aber vielleicht müssen Sie doch zweimal hinschauen, um die folgende Frage beantworten zu können:

Aufgabe
Wer oder was verbirgt sich in den folgenden Abbildungen?

Kopiervorlage

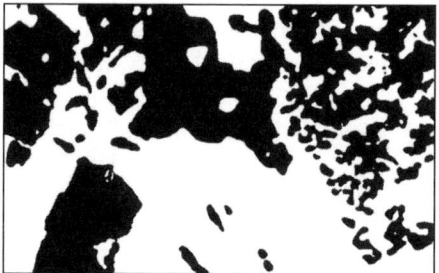

Test 1

Test 2

Test 3

Test 4: Playing for your heart.

Test 5

Der Korkentrick

Lösungen

Test 1: Jesus Christus (Konturenbild): Kopf und Körper werden durch zwei schwarze Linien angedeutet.

Test 2: Indianer und Eskimo: Der Indianerkopf mit der Hakennase blickt nach links. Der Eskimo geht (mit dem Rücken zum Betrachter gewendet) in die dunkel gehaltene Igluöffnung.

Test 3: Frau und Schwiegermutter (junge und alte Frau): Die junge Frau blickt nach links vom Betrachter weg, ihr linkes Ohr befindet sich in der Bildmitte. Die Schwiegermutter hält ihr Haupt leicht gesenkt, ihr linkes Auge entspricht dem Ohr der jungen Frau, ihr verkniffener Mund deren Halsband.

Test 4: Links in Schwarz bläst ein nach rechts gerichteter Musiker in sein Instrument. Rechts blickt eine Lady direkt zum Betrachter hin.

Test 5: Der in Weiß gehaltene Bildausschnitt zeigt eine Vase, die schwarze Umrahmung zwei einander anblickende Köpfe im Profil.

Der Korkentrick

Präsentation:	Gehirnjogging/Tempofragen
Schwierigkeit:	mittel – schwer/Lehrerhilfe
Schuljahre:	5–13
Fach:	Mathematik
Material:	2 Korken

Der Korkentrick ist für alle Altersgruppen unglaublich verblüffend und stellt zudem den Uneingeweihten vor eine kaum entwirrbare dreidimensionale Herausforderung: Zwei Korken werden wie in Abbildung *a* in der Beuge zwischen Daumen und Zeigefinger der beiden Hände gehalten. Durch geschicktes Ergreifen der Korkenober- und Korkenunterseiten mit Zeigefinger und Daumen der jeweils anderen Hand können beide Hände langsam und scheinbar ohne Widerstand auseinander geführt werden, sodass am Ende eine Präsentation wie in Abbildung *b* möglich ist.

Getäuschtes Auge

Tipp
Als Lehrerin oder Lehrer sollten Sie vor der Präsentation in der Klasse die Lösung genau studieren und selbst ausprobieren, ob Ihnen diese Korkenentflechtung ohne Probleme gelingt. Es bedarf tatsächlich einiger Übung! In der Klasse führen Sie diese Bewegung zunächst nur einmal vor und lassen dann Ihren Schülerinnen und Schülern einige Probeversuche.

Aufgabe
Wer findet heraus, wie der Korkentrick funktioniert, und kann den Trick selbst vorführen?

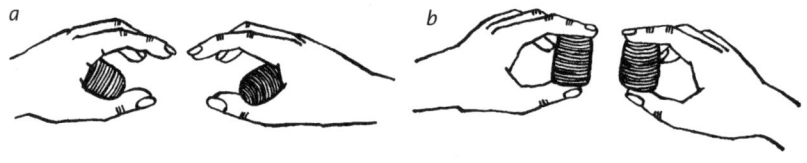

Abbildungen *a* und *b*

Wahrscheinlich wird auf Anhieb niemand in der Lage sein, Ihre Entflechtung nachzumachen. In einer zweiten Vorführung sollten Sie ganz langsam vorgehen, sozusagen in Zeitlupe. Selbst dann kommen nur sehr geschickte Beobachter auf die entsprechende Technik. Dafür werden am Ende dieser Vorführung alle Schülerinnen und Schüler vom „Korkentrick" voll fasziniert sein.

Lösung
Sie müssen beim Aufeinanderzubewegen der Hände die linke Handfläche nach innen drehen und den Korken der rechten Hand mit dem Daumen am oberen Ende und dem gekrümmten Zeigefinger am unteren Ende ergreifen (Abbildung *d*). Die beiden Daumen stehen dabei optisch parallel, mit der Daumenkuppenseite zueinander. Geben Sie nicht gleich beim ersten Versuch auf. Selbst mit Hilfe der Beschreibung ist es nicht leicht, diese ungewohnte Bewegung durchzuführen. Wenn Sie dagegen den „natürlichen" Zugriff versuchen (Abbildung *c*), werden Sie Ihre Hände niemals entketten können.

Drudelrätsel

Abbildungen *c* und *d*

Bemerkung
Im Grunde genommen ist diese Entschlingung ein topologisches Problem. Mit einem Unterschied zur reinen Theorie: Daumen und Zeigefinger können nicht beliebig stark gekrümmt und gedehnt werden, der menschliche Körper setzt natürliche Grenzen. Umso eleganter ist diese Aufgabe als Einführung in das mathematische Thema „Verknotungen und Verknüpfungen". Aber auch sehr jungen Schülerinnen und Schülern macht dieser Korkentrick abseits aller Mathematik sehr viel Spaß.

Drudelrätsel

Präsentation:	Kreatives Rätseln
Schwierigkeit:	leicht
Schuljahre:	5–8
Fach:	Bildende Kunst, Deutsch, Fremdsprachen
Material:	Kopiervorlagen

Antoine de Saint-Exupérys zauberhaftes Meisterwerk „Der kleine Prinz" darf als der Ursprung der heute so beliebten Drudel-Rätsel angesehen werden. Viele Leute, denen der Autor unten stehende Abbildung mit der Frage vorgelegt hat, ob ihnen diese Zeichnung nicht Angst mache, waren verblüfft und meinten fragend: „Wieso sollte ich mich vor einem Hut fürchten?" Nun, sehen Sie sich die Abbildung doch mit den Augen des kleinen Prinzen an!

Aufgabe 1
Was zeigt dieser „Hut" wirklich?

Aufgabe 2
Was fällt euch zu diesen Bildern ein?

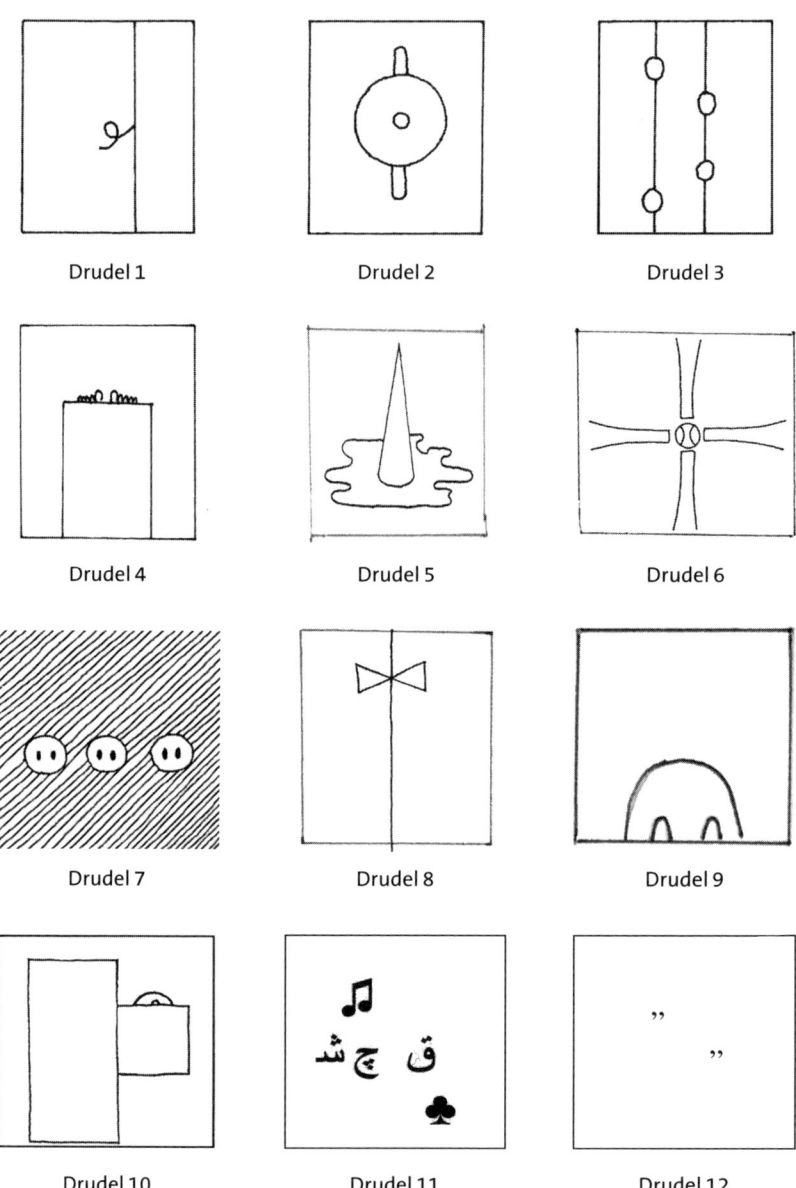

Drudelrätsel 79

Präsentieren Sie nach der Besprechung des „Hutdrudels" die zwölf Drudelbilder einzeln Ihrer Klasse und geben Sie den Kindern ausreichend Zeit, kreative Definitionsbilder zu schaffen.

Lösungen

„Hut": Es handelt sich um eine Riesenschlange, die einen Elefanten verdaut.

Der „Kleine Prinz" hatte gelesen: „Die Boas verschlingen ihre Beute als Ganzes, ohne sie zu zerbeißen. Daraufhin können sie sich nicht mehr rühren und schlafen sechs Monate, um zu verdauen."

Drudel 1: Ein Hausschwein verschwindet hinter der Stallmauer.
Drudel 2: Ein Rad fahrender Mexikaner aus der Vogelperspektive.
Drudel 3: Ein Koalabär klettert auf einen Eukalyptusbaum.
Drudel 4: Eine Sekunde vor dem Olympischen Siegessprung vom 10-m-Brett.
Drudel 5: Harry Potter hat die böse Hexe in den Zauberteich geworfen.
Drudel 6: Vier afrikanische Elefanten beschnuppern neugierig einen Tennisball.
Drudel 7: Die drei kleinen Schweinchen tauchen aus der Londoner Nebelwand auf.
Drudel 8: Ein verzweifelter Ballbesucher steckt mit seiner Fliege im Aufzug.
Drudel 9: Tante Emma sucht die Spielmaus ihrer Katze (Ansicht von hinten).
Drudel 10: Unter beengten Verhältnissen lebend schläft das Baby in der Schublade.
Drudel 11: Ein Araber träumt von seinen Hobbys Musik und Kartenspiel.
Drudel 12: Ein Eisbär schlendert gemächlich mit seinem Jungen über die verschneite Polkappe, nur ihre Augen sind zu sehen.

Fisch und Roboter

Präsentation:	Kreatives Rätseln/Offenes Lernen (Einzeln, Partner, Gruppe)
Schwierigkeit:	leicht
Schuljahre:	5–8
Fach:	Bildende Kunst, Deutsch, Fremdsprachen
Material:	Kopiervorlagen

Aufgabe
Zwei Figuren, ein Fisch und ein Roboter, sind in einer ununterbrochenen Linie nachzuzeichnen, ohne irgendeine Linie zweimal zu durchlaufen und ohne irgendeine Linie zu kreuzen. Es ist jedoch erlaubt, eine Linie beim Vorbeiziehen zu berühren.

Kopiervorlage

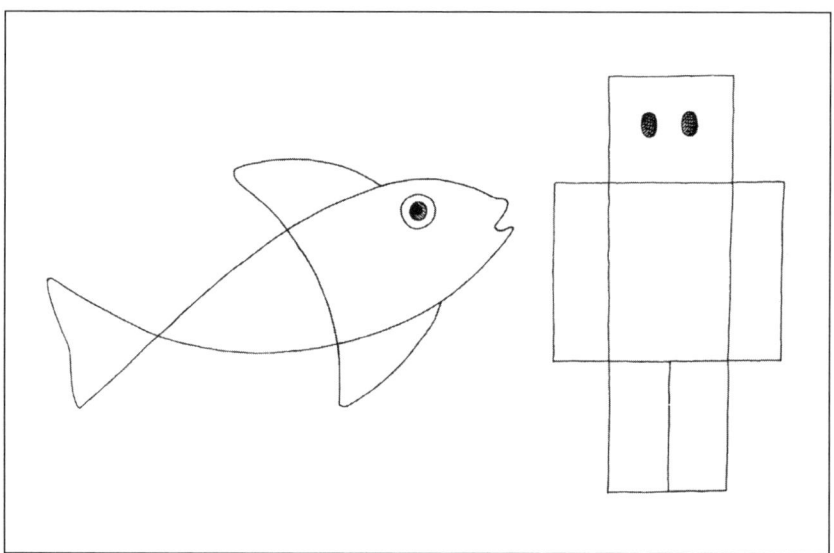

Hinweis
Als Hilfe können Sie die Ausgangspunkte angeben. Beim Fisch ist es der vordere Flossenansatz, beim Roboter der Mittelpunkt der Füße.

Verschlungene Seile 81

Lösung
Es gibt eine ganze Reihe zeichentechnischer Lösungsmöglichkeiten für diese zwei Figuren. In jedem Fall müssen aber der Anfang und das Ende der Linienführung bei den durch Punkte markierten Stellen liegen.

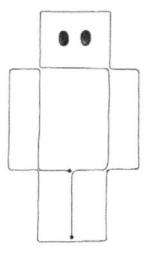

Verschlungene Seile

Präsentation:	Offenes Lernen (Einzeln)/Top Tipp
Schwierigkeit:	leicht
Schuljahre:	5–8
Fach:	Bildende Kunst, fächerübergreifend
Material:	Kopiervorlage

Aufgabe
Welche der beiden Spiralen ist aus einem Seil gemacht, welche aus zwei?

Hinweis
Die Lösung darf nur mit dem Auge gesucht werden, also ohne die Figuren mit einem Bleistift nachzuzeichnen.

Kopiervorlage

Spirale 1   Spirale 2

Lösung
Spirale 1 ist aus nur einem Seil gemacht. Die Schülerinnen und Schüler sollten erst zur Kontrolle diese Spirale nachzeichnen.

Schluck den Ball!

Präsentation:	Tempofragen /Offenes Lernen (Einzeln)
Schwierigkeit:	leicht
Schuljahre:	5–8
Fach:	Bildende Kunst, fächerübergreifend
Material:	Kopiervorlage

Aufgabe
Der Ball links soll ohne Falten des Blattes und ohne Zuhilfenahme eines Schreibgeräts in den Mund des Balljungen fliegen.

Hinweis
Die Lösung bedarf des Einsatzes eines Sinnesorgans.

Kopiervorlage

Lösung
Fixieren Sie mit den Augen das x zwischen Ball und Kopf. Nun bringen Sie das Blatt langsam zur Spitze Ihrer Nase. Der Ball wird dabei direkt in den Mund des Jungen fliegen.

Die Macht des Wortes

In diesem Kapitel werden Sie auf der Suche nach der Wahrheit einer Reihe von unmöglichen Denkprozessen unterworfen sein. Die Welt der Wahrheit bleibt hier manchem Rätsellöser abgrundtief verborgen, zumindest auf den ersten Blick. Raymond Smullyan ist der Denker, der die „mathematische Abenteuergeschichte" aus der Welt der „Ritter und Schurken", der Wahrsager und Lügner zu einem seiner Markenzeichen gemacht hat. Geboren 1918 auf Long Island (New York), verließ Smullyan mit zwölf Jahren die High School, um im Selbststudium moderne Algebra und mathematische Logik zu lernen. Später verdingte er sich als Zauberer und Musiklehrer, bevor er als fast Vierzigjähriger vom berühmten Philosophen Rudolf Carnap dem Dartmouth College als Professor für mathematische Logik empfohlen wurde. Faszinierend an den Smullyanschen Meisterwerken ist, dass zum Lösen praktisch keine Vorkenntnisse nötig sind.

Schon zu Beginn des 20. Jahrhunderts hat der Siegeszug des Kreuzworträtsels in den USA begonnen und seitdem alle anderen sprachlichen Rätseltypen in einschlägigen Zeitschriften und Zeitungen an den Rand gedrängt. In diesem Kapitel möchte ich Sie mit einigen sprachlichen Leckerbissen vertraut machen, abseits vom erwähnten Typus „crossword puzzle". Die sprachliche Logik ist wahrlich ein faszinierendes Labyrinth aus Worten und Sätzen – mit ein wenig Übung lässt sich allerdings eine beachtliche Meisterschaft auf diesem Gebiet erreichen.

Sprachliche Kombinationsfähigkeit sowie ein Gefühl für Buchstaben und Worte sind in dieser Rätselkategorie eine Grundvoraussetzung für schnelle Lösungen. In der Klasse müssen Sie unbedingt auf die Fähigkeiten der Kinder Rücksicht nehmen und Ihre Hilfestellung auf das Niveau der Schülerinnen und Schüler abstimmen. Auf den Schulstufen 6 bis 8 ist ein gemeinsames Erarbeiten der Lösung zu empfehlen. Dabei sollten Sie die Fragen der Kinder, ihre Ideen und Vorschläge aufgreifen und so langsam auf die richtige Lösung hinführen. Selbst der umgekehrte Weg, anhand der Lösung den Lösungsweg zurückzuverfolgen, hat sich im Klassenzimmer bewährt.

Drei Philosophen

Präsentation:	Gehirnjogging
Schwierigkeit:	schwer/Lehrerhilfe
Schuljahre:	7–13
Fach:	Deutsch, Englisch, Fremdsprachen, Philosophie
Material:	Text

Professor Sophiadis, der berühmte Lehrer für Philosophie, ist ganz besonders auf Rätsel aus der antiken Welt spezialisiert. In seinem letzten Beitrag für das britische Fachmagazin „Ancient Riddles and Puzzles" stellte er das folgende Philosophenrätsel vor:

> Drei Weise, nennen wir sie der Einfachheit halber Aristoteles, Sokrates und Plato, machten einen Mittagsspaziergang vor den Toren Athens. Ermattet von der gleißenden Sonne ließen sich die drei Philosophen unter einer Schatten spendenden Platane nieder und öffneten die mitgebrachte Flasche Ouzo. Nach wenigen Minuten waren alle drei reif für ein kurzes Mittagsnickerchen. Während dieser Zeit ließ sich eine junge Eule auf dem Ast der Platane nieder und entleerte sich ungeniert über den drei Weisen. Als die Philosophen aufwachten, begannen sie schallend zu lachen. Auf der Stirn der beiden anderen bemerkten sie den Eulendreck. Nach einigen Sekunden allerdings beendete einer der drei, der Legende nach Sokrates, abrupt sein Gelächter.

Aufgabe
Warum hörte Sokrates auf zu lachen?

Anmerkung von Professor Sophiadis
Sokrates griff sich nicht an die Stirn. Er betrachtete sein Ebenbild auch nicht in einer Pfütze. Nur durch Nachdenken kam er zur Erkenntnis, selbst auch Opfer der Eule geworden zu sein. Außerdem wusste Sokrates, dass seine beiden Weggefährten logisch einwandfrei denken konnten.

Tipp
Lassen Sie drei Ihrer Schülerinnen (als Modelle) in einem Dreieck Platz nehmen, sodass jede der drei die beiden anderen sehen kann. Dadurch wird diese Aufgabe leichter vorstellbar.

Professor Sophiadis hatte auch noch eine Zusatzfrage anzubieten:

Zusatzaufgabe
Wieso blieb wenige Sekunden nach Sokrates auch Plato das Lachen im Hals stecken?

Lösung
Als Sokrates sah, dass sich Aristoteles vor Lachen krümmte, war ihm klar, dass der Freund keine Ahnung hatte, selbst eine bekleckerte Stirn zu haben. Wenn nun er, Sokrates, eine saubere Stirn hätte, dann musste Aristoteles über Plato lachen. Aber über was glaubte Aristoteles dann, würde Plato lachen? Bei Zeus, ist es in diesem Moment Sokrates durch den Kopf geschossen, ich habe keinen Grund zu lachen.

Zusatzaufgabe: Plato hat ebenfalls ein wenig weitergedacht. Da er zunächst selbst in schallendes Lachen verfiel und die beiden Freunde diese Stimmung teilten, mussten offensichtlich beide, Aristoteles und Sokrates, annehmen, eine saubere Stirn zu haben. Wäre er selbst aber ebenfalls nicht bekleckert, hätte einer der beiden logischen Denker, Sokrates oder Aristoteles, niemals mit dem Lachen anfangen dürfen, denn es wäre ihnen sofort klar gewesen, dass auch ihre Stirn bekleckert sein müsste.

Betrogene Amazonen

Präsentation:	Gehirnjogging
Schwierigkeit:	schwer/Lehrerhilfe
Schuljahre:	7–13
Fach:	Deutsch, Englisch, Fremdsprachen, Philosophie
Material:	Text

Bei seinen unermüdlichen Forschungen fand Professor Sophiadis, der einen Lehrstuhl für Philosophie innehatte, in einem alten Manuskript folgende Rätselaufgabe:

> Die Königin eines kriegerischen Stammes, eine Amazone, rief eines Tages alle Frauen ihres Reiches zusammen und teilte ihnen mit ausdruckslosem Gesicht mit, dass mindestens einer ihrer Ehemänner untreu gewesen sei. Ungeheurer Zorn unter den Damen dieses Stammes machte sich breit. Die Königin sprach weiter: „Ich befehle denjenigen von euch, die herausfinden, dass ihr Ehemann sie betrügt, diesen treulosen Gatten um Mitternacht des Tages, an dem ihr seine Untreue erkennt, zu töten." Schweigen und Entsetzen unter den Frauen, aber dem Befehl der Königin galt es zu gehorchen.

Auf der nächsten Seite enthielt das vergilbte Manuskript weitere Details zu dieser Geschichte:

> Neuigkeiten, wer untreu war und wer nicht, verbreiteten sich mit Windeseile unter dem Amazonenstamm. Allerdings wurden die Betroffenen als Einzige nicht von der Treulosigkeit ihrer Gatten informiert.

„Hm, also wussten alle Frauen von der Untreue der anderen Männer, nicht aber von der des eigenen Mannes," murmelte Professor Sophiadis in seinen schlohweißen Bart und las sofort weiter.

> Auch die Nachricht von einer Tötung würde innerhalb eines Tages die Runde in diesem kriegerischen Stamm machen. Insgesamt waren genau 40 Ehemänner untreu.

Die Chronik endete mit folgender Frage:

Aufgabe
Wurden tatsächlich Ehemänner getötet, und wenn ja, wann?

Lösung
Es wurden alle 40 untreuen Ehemänner getötet, und zwar um Mitternacht des 40. Tages nach der Ansprache der Königin.

Wenn Sie gemeinsam mit Professor Sophiadis dem Manuskript genau gefolgt sind, werden Sie bemerkt haben, dass die Königin von mindestens einem untreuen Ehemann sprach. Wäre es genau einer, hätte die betreffende Gattin sofort Bescheid gewusst, denn von einem anderen als ihrem eigenen Ehemann hätte sie der Chronik zufolge ja wissen müssen. Daher wäre ihr Ehemann um Mitternacht des 1. Tages dem Tode geweiht gewesen. Wären zwei Männer untreu gewesen, hätte sich der Tod der beiden nur um einen Tag verzögert. Warum? Nun, um Mitternacht des 1. Tages wäre nichts geschehen. Da beide betroffenen Frauen nur von einem untreuen Ehemann gehört haben konnten, wäre es ihnen im Laufe des zweiten Tages klar geworden, dass auch ihr eigener Gatte das Eheversprechen gebrochen haben musste.

Wenn Sie nun diesen Gedanken weiterspinnen, dann wird Ihnen sofort klar, dass keine Tötung am n-ten Tag heißt, dass mindestens $n+1$ Männer untreu gewesen sein müssen. Am Morgen des 40. Tages hätten daher alle Frauen gewusst, dass wenigstens 40 Männer die Ehe gebrochen hatten. Wer immer von den Amazonen einem treuen Mann die Hand zum Ehebund gereicht hatte, wäre davon nicht überrascht worden, denn diese Damen hätten ja von 40 Ehebrechern gehört. Amazonen mit untreuen Gatten dagegen hätten nur von 39 Ehebrechern gewusst. Also mussten ihre eigenen Männer unter den 40 sein. Damit hätten alle Frauen am 40. Tag nach der Ansprache der Königin um Mitternacht den Seitensprüngen ihrer Männer ein Ende bereitet.

Drei Preise

Präsentation:	Offenes Lernen (Partner)/ Teampunkte/Tempofragen
Schwierigkeit:	mittel – schwer/Lehrerhilfe
Schuljahre:	7–13
Fach:	Deutsch, Englisch, Fremdsprachen, Psychologie
Material:	Text

Eines Tages bekommt Professor Sophiadis vom Komitee der „Großzügigen Puzzle-Dotation" den einladenden Vorschlag, einen von drei Preisen abzuholen: ein nagelneues Auto, eine Flasche Sekt oder ein simples Brieflos. Er muss nur eine einfache Aussage machen. Ist die Aussage wahr, bekommt er das Auto oder den Sekt, ist sie dagegen falsch, ist das Brieflos der Trostpreis.

„Kein Problem", denkt Professor Sophiadis. „Drei mal drei ist neun. Und dann her mit dem Auto oder dem Sekt!" Dann aber hat er eine kurze Schrecksekunde. „Wie komme ich zum Auto? Ich will ja gar keinen Sekt trinken." Unser Professor ist nämlich Antialkoholiker, so viel sei verraten.

Aufgabe
Welche Aussage würde das Komitee zwingen, die Autoschlüssel auszuhändigen?

Hinweis
Nicht erlaubt sind Entweder-oder-Aussagen.

Tipp
Legen Sie drei Gegenstände auf den Tisch, welche symbolisch die drei Preise darstellen. Dadurch wird dieses Rätsel leichter vorstellbar.

Lösung

„Ich werde nicht die Flasche Sekt bekommen."

Bekommt Professor Sophiadis das Brieflos, wird die Aussage wahr, was aber nicht mit dem Trostpreis belohnt werden dürfte. Bekommt er dagegen die Flasche Sekt, wird die Aussage falsch, was aber ganz eindeutig der Abmachung widerspricht, die besagt, nur für eine wahre Aussage den Sekt auszuhändigen. Bleibt also nur eine Lösung: Das Komitee muss schweren Herzens das Auto überreichen. Die Aussage bleibt damit wahr und Professor Sophiadis ist mit einem der beiden versprochenen Preise belohnt worden.

Anton, Bruno und Carl

Präsentation:	Offenes Lernen (Partner)/ Teampunkte/Tempofragen
Schwierigkeit:	mittel – schwer/Lehrerhilfe
Schuljahre:	7–13
Fach:	Deutsch, Englisch, Fremdsprachen, Psychologie
Material:	Text

Drei Worte I

Drei Brüder, Anton, Bruno und Carl, haben sehr unterschiedliche Eigenheiten. Anton und Bruno lügen immer, wohingegen Carl nichts als die Wahrheit sagt. Äußerlich lassen sich unsere drei Freunde überhaupt nicht unterscheiden.

An einem regnerischen Tag trifft Professor Sophiadis einen der Brüder und möchten gerne wissen, ob er Anton vor sich hat. Schließlich schuldet Anton ihm noch einhundert Euro. Der Professor darf nur eine Frage stellen, die zudem nur mit Ja oder Nein zu beantworten ist. Die Frage darf nicht mehr als drei Wörter haben.

Aufgabe
Wie lautet die Frage?

„Das werden wir gleich haben!" Professor Sophiadis ist, wie so oft, zuversichtlich. Aber ganz so einfach ist die Sache dann doch nicht.

Drei Worte II

Unsere drei Brüder, Anton, Bruno und Carl, haben diesmal andere Eigenheiten. Anton und Bruno sagen immer die Wahrheit, Carl hingegen ist der perfekte Lügner. Wieder lassen sich die drei äußerlich überhaupt nicht unterscheiden.

An einem sonnigen Tag trifft Professor Sophiadis einen der Brüder und möchte gerne wissen, ob es Anton ist, der ihm die besagten einhundert Euro schuldet. Professor Sophiadis darf wieder nur eine Ja/Nein-Frage aus drei Wörtern stellen.

Aufgabe
Wie lautet diesmal die Frage?

Lösungen
Drei Worte I: „Bist du Bruno?"

Anton wird auf diese Frage mit Ja antworten, da er lügt. Bruno und Carl dagegen sagen Nein: Bruno, weil er lügt, Carl, weil er die Wahrheit sagt. Ein Ja als Antwort bedeutet daher, dass Professor Sophiadis Anton vor sich hat, ein Nein dagegen, dass es nicht Anton ist.

Drei Worte II: „Bist du Bruno?"

Es ist die gleiche Frage wie oben. Nur bedeutet diesmal ein Ja, dass es nicht Anton ist, denn Anton würde als Wahrheitsliebender mit Nein antworten. Bruno und Carl dagegen müssten mit Ja antworten: Bruno, da er ebenfalls die Wahrheit sagt, Carl, weil er auf obige Frage lügen würde. Ein Nein bedeutet daher, dass es sich um Anton handelt.

Eineiige Zwillinge

Präsentation:	Offenes Lernen (Partner)/ Teampunkte/Tempofragen
Schwierigkeit:	mittel – schwer/Lehrerhilfe
Schuljahre:	7–13
Fach:	Deutsch, Englisch, Fremdsprachen, Psychologie
Material:	Text

Verwechselbar I
Haben Sie schon einmal eineiige Zwillinge kennen gelernt? Ich meine die wirklich absolut verwechselbare Sorte. Nun, dann geht es Ihnen wie unserem Professor Sophiadis. Er kennt nur einen der beiden mit dem Namen. Es ist Paul. Paul, oder auch der andere der beiden Zwillinge, lügt immerzu. Leider weiß Professor Sophiadis nicht, wer in dieser Familie wahrheitsliebend und wer vom Lügenteufel besessen ist.

Als er an einem Wolken verhangenen Tag beide Brüder auf der Straße trifft, möchte er endlich wissen, wer von ihnen Paul ist. Nicht wer lügt, ist die Frage, wohlgemerkt. Nur einer der beiden Brüder darf auf eine Ja/Nein-Frage antworten, und die Frage darf nicht mehr als drei Wörter haben.

Aufgabe
Wie lautet die Frage?

Professor Sophiadis hat nur wenig Zeit, keinesfalls darf er diese einmalige Chance auslassen.

Verwechselbar II
Diesmal will Professor Sophiadis bei einer kurzen Begegnung nur feststellen, ob Paul ehrlich ist oder ein chronischer Lügner. Dagegen ist es ihm ziemlich egal, ob nun Paul oder sein Bruer vor ihm steht.

Aufgabe
Wie lautet die Frage in diesem Fall?

Wieder denkt unser Freund kurz nach und findet dann eine einfache Frage, die aus drei Wörtern besteht.

Verwechselbar III
Nun wird Professor Sophiadis langsam neugierig, welche Fragen nötig sind, um alles über die Zwillingsbrüder zu erfahren. „Wie kann ich herausfinden, welcher der beiden Brüder immer lügt und welcher immer die Wahrheit sagt", denkt er sich, „egal wer nun Paul ist und wer Peter."

Aufgabe
Gibt es auch hier eine Frage aus drei Wörtern? Wenn ja, wie lautet sie?

Lösungen

Verwechselbar I: „Ist Paul wahrheitsliebend?"

Paul wird mit Ja antworten, egal ober er ein Lügner ist (dann sagt er genau das Verkehrte) oder immer die Wahrheit sagt. Pauls eineiiger Zwilling, nennen wir ihn Peter, wird dagegen immer mit Nein antworten. Denn ist Paul ein Lügner, muss der ehrliche Peter Nein sagen, ist dagegen Peter selbst der Lügner, Paul also tatsächlich wahrheitsliebend, so wird wieder ein Nein die Folge sein. Daher: Ja heißt, Professor Sophiadis spricht mit Paul, Nein heißt, er redet Peter an.

Es gibt auch noch eine Lösung mit zwei Worten: „Lügt Paul?"

Verwechslbar II: „Bist du Paul?"

Diese Frage genügt bereits, um herauszufinden, ob Paul ehrlich ist. Ist die Antwort Ja und ist sie auch ehrlich, dann steht Paul, nämlich der wahrheitsliebende Paul, vor Professor Sophiadis. Ist das Ja gelogen, dann ist der abwesende Bruder Paul, der dann aber wiederum wahrheitsliebend sein muss. Wie sieht es mit einem Nein aus? Ist die Antwort ehrlich, heißt das, dass Professor Sophiadis nicht mit Paul spricht, dafür weiß er aber, dass der andere Bruder, Paul, ein Lügner sein muss. War aber das Nein eine Lüge, so steht tatsächlich Paul vor Professor Sophiadis, wobei Paul allerdings wieder gelogen hat. Daher bedeutet eine Nein-Antwort immer: Paul ist ein Lügner.

Verwechselbar III: Zum Beispiel hilft die Frage „Gibt es dich?"

Die Erklärung ist ziemlich offensichtlich: Ja bedeutet Wahrheit, Nein Lüge.

Tag auf Tag

Präsentation:	Tempofragen/Teampunkte
Schwierigkeit:	mittel – schwer/Lehrerhilfe
Schuljahre:	7–13
Fach:	Deutsch
Material:	Kopiervorlage: Text

Ein wahrer geistiger Zungenbrecher ist die folgende Aufgabe. Professor Sophiadis kommt dabei ganz schön ins Schwitzen.

Aufgabe
Wenn der Tag nach morgen gestern ist, wird heute so weit vom Mittwoch entfernt sein, wie es vom Mittwoch entfernt war, als der Tag vor gestern morgen war. Welcher Tag folgt auf diesen Tag?

Lassen Sie Ihren Schülerinnen und Schülern auf jeden Fall einige Minuten Zeit. Sie sind sicherlich weniger geübt als Professor Sophiadis.

Tipp
Eine Hilfsskizze, etwa eine kleine Zeitleiste, die diese sprachliche Denknuss graphisch sichtbar macht, ist bei dieser Aufgabe zu empfehlen.

Lösung
Donnerstag.

Wem gehört der Fisch?

Präsentation:	Offenes Lernen (Einzeln, Partner)/Teampunkte
Schwierigkeit:	mittel – schwer
Schuljahre:	7–13
Fach:	Deutsch
Material:	Kopiervorlage

Ungemein beliebt wurden in den letzten Jahren die in einer eigenen Zeitschrift erscheinenden Logik-Trainer-Problemaufgaben. Dabei gilt es, verschiedene Hinweise sprachlich miteinander zu verknüpfen. Eine besondere Herausforderung hat Professor Sophiadis für die Leser dieses Buches anzubieten.

Die Schülerinnen und Schüler bekommen vorweg die folgenden Hinweise:
- Es gibt fünf Häuser mit je einer anderen Farbe.
- In jedem Haus wohnt eine Person einer anderen Nationalität.
- Jeder Hausbewohner bevorzugt ein bestimmtes Getränk, raucht eine bestimmte Zigarettenmarke und hält ein bestimmtes Haustier.
- Keine der fünf Personen trinkt das gleiche Getränk, raucht die gleichen Zigaretten oder hält das gleiche Tier wie einer seiner Nachbarn.

Wem gehört der Fisch?

Kopiervorlage

> Der Brite lebt im roten Haus.
> Der Schwede hält einen Hund.
> Der Däne trinkt gerne Tee.
> Das grüne Haus steht links vom weißen Haus.
> Der Besitzer des grünen Hauses trinkt Kaffee.
> Die Person, die Pall Mall raucht, hält einen Vogel.
> Der Mann, der im mittleren Haus wohnt, trinkt Milch.
> Der Besitzer des gelben Hauses raucht Dunhill.
> Der Norweger wohnt im ersten Haus.
> Der Marlboro-Raucher wohnt neben dem, der eine Katze hält.
> Der Mann, der ein Pferd hält, wohnt neben dem, der Dunhill raucht.
> Der Winfield-Raucher trinkt gerne Bier.
> Der Norweger wohnt neben dem blauen Haus.
> Der Deutsche raucht Rothmanns.
> Der Marlboro-Raucher hat einen Nachbarn, der Wasser trinkt.

Aufgabe
Die alles entscheidende Frage lautet: Wem gehört der Fisch?

Hinweis
Um die Lösung leichter zu finden, sollten sich die Jugendlichen einen Raster machen, in den mit + (plus) und – (minus) wahre und falsche Aussagen markiert werden. Außerdem ist es sehr hilfreich, bei jeder Schlussfolgerung die Anordnung der Häuser zu beachten.

Lösung
Der Fisch gehört dem Deutschen.
 Nun, wie kommt man auf diese Lösung? Punkt für Punkt kann man durch wiederholtes Durchlesen der Kopiervorlage die Zuordnungen eintragen. Folgende Tabelle zeigt das Ergebnis nach fünf Durchgängen an:

Haus Nr. 1	Haus Nr. 2	Haus Nr. 3	Haus Nr. 4	Haus Nr. 5
+ Norweger	– Schwede + Däne	+ Brite	– Däne **+ Deutscher**	+ Schwede
– Tee – Bier + Wasser	– Bier + Tee	+ Milch	+ Kaffee	+ Bier
– rot – grün + gelb	+ blau	– weiß + rot	+ grün	+ weiß
– Hund – Vogel + Katze	+ Pferd	– Hund + Vogel	**+ Fisch**	+ Hund
– Rothmans + Dunhill	+ Marlboro	– Winfield – Rothmans + Pall Mall	– Winfield + Rothmans	+ Winfield

Anagramme

Präsentation:	Drei Treffer/Offenes Lernen (Einzeln, Partner)/Teampunkte
Schwierigkeit:	leicht – mittel
Schuljahre:	5–8
Fach:	Deutsch, Geographie
Material:	Kopiervorlage, Atlas

„Sehr elegant, Amor und Roma verwenden die gleichen Buchstaben," murmelt Professor Sophiadis beim Durchblättern eines alten Magazins in seinen Bart. „Das ist ein wahrlich schönes kulturgeographisches Anagramm." Seit Zeiten Königin Viktorias sind Rätsel, bei denen Buchstaben umgeschichtet werden, sehr beliebt. Und in diesem Magazin entdeckt unser Professor gleich eine ganze Reihe weiterer geographischer Aufgaben mit folgender Anleitung:

Aufgabe
Finden Sie in den verschlüsselten Worten durch Buchstabenumstellung fünfzehn europäische Staaten.

Sprichwörter 95

„Nun gut, ich hole schnell einen Atlas aus meinem Zimmer," denkt sich Professor Sophiadis. „Dann werden wir die gesuchten europäischen Staaten gleich haben."

Hinweis
(1) Satzzeichen dienen nur der Untermalung, sind also kein Bestandteil des Wortes.
(2) Ä, Ö, Ü können AE, EO, UE sein, ß ist SS.

Kopiervorlage

Aufgabe 1	Aufgabe 2	Aufgabe 3
KREATION	EINMAUERN	„O, NO, MAC!"
IRRSINNSANGEBOT	AM TAL	WOGEN, REN
POLARGUT	LOSWEINEN	ANDENLIEDER
JUWEL SAIGON	INLAUTE	WILDE MONA
IN ASPEN	AROMASINN	RÖSTE ... RIECH

Lösungen
Aufgabe 1: Kroatien – Großbritannien – Portugal – Jugoslawien – Spanien
Aufgabe 2: Rumänien – Malta – Slowenien – Litauen – San Marino
Aufgabe 3: Monaco – Norwegen – Niederlande – Moldawien – Österreich

Sprichwörter

Präsentation:	Offenes Lernen (Einzeln, Partner)/ Teampunkte/Tempofragen
Schwierigkeit:	mittel
Schuljahre:	5–10
Fach:	Deutsch, Fremdsprachen
Material:	Kopiervorlagen, Stoppuhr

Eines Tages bekommt Professor Sophiadis von seinen Studentinnen und Studenten ein schön gezeichnetes Bild vorgelegt (siehe Kopiervorlage 1) mit folgender Aufgabe:

Aufgabe
Finden Sie in nur fünf Minuten möglichst viele verborgene Sprichwörter.

„Lasst mich mal sehen," meint Professor Sophiadis. Bald muss Professor Sophiadis erkennen, dass diese Aufgabe gar nicht so einfach ist.

Kopiervorlage 1

Hilfsangebot: Anfangsbuchstaben
Die Anfangsbuchstaben der einzelnen Sprichwörter lauten:

1. A-a-W-f
2. P-v-d-S-w
3. D-K-m-d-B-a
4. D-B-h-h
5. D-A-f-n-w-v-S
6. D-G-z-F-h
7. D-K-s-u-d-h-B
8. D-F-i-K-w
9. D-S-b-d-H-p
10. D-A-a-a-d-m-s
11. D-T-a-d-W-m
12. G-T-f-i-M

Sprichwörter 97

Hilfsangebot: Kopiervorlage 2
In Kopiervorlage 2 sind die Lösungsbilder durch entsprechende Ziffern markiert.

Kopiervorlage 2

Lösung
1. Aus allen Wolken fallen. 2. Perlen vor die Säue werfen. 3. Das Kind mit dem Bade ausschütten. 4. Den Brotkorb höher hängen. 5. Der Apfel fällt nicht weit vom Stamm. 6. Das Geld zum Fenster hinauswerfen. 7. Die Katze schleicht um den heißen Brei. 8. Die Flinte ins Korn werfen. 9. Den Stier bei den Hörnern packen. 10. Den Ast absägen, auf dem man sitzt. 11. Den Teufel an die Wand malen. 12. Gebratene Tauben fliegen ins Maul.

Lügenteufel

Präsentation:	Offenes Lernen (Einzeln, Partner)/ Teampunkte/Tempofragen
Schwierigkeit:	mittel
Schuljahre:	7–13
Fach:	Deutsch, Fremdsprachen
Material:	Kopiervorlage

Professor Sophiadis sitzt nachdenklich über einem Blatt Papier mit zehn fast gleichen Sätzen (siehe Kopiervorlage.) Dabei denkt er über die alles entscheidende Frage nach:

Aufgabe
Wie viele der zehn Behauptungen sind wahr?

Kopiervorlage

1. Genau eine dieser Behauptungen ist falsch.
2. Genau zwei dieser Behauptungen sind falsch.
3. Genau drei dieser Behauptungen sind falsch.
4. Genau vier dieser Behauptungen sind falsch.
5. Genau fünf dieser Behauptungen sind falsch.
6. Genau sechs dieser Behauptungen sind falsch.
7. Genau sieben dieser Behauptungen sind falsch.
8. Genau acht dieser Behauptungen sind falsch.
9. Genau neun dieser Behauptungen sind falsch.
10. Genau zehn dieser Behauptungen sind falsch.

Lösung
Nur Behauptung 9 ist wahr. In dieser wird ja korrekterweise behauptet, dass neun Behauptungen falsch sind. Bleibt eine einzige richtige!

Tiere im Zoo

Präsentation:	Offenes Lernen (Einzeln, Partner, Gruppe)/Teampunkte/Tempofragen
Schwierigkeit:	leicht
Schuljahre:	5–8
Fach:	Englisch
Material:	Kopiervorlage

Diesmal testet Professor Sophiadis die Englischkenntnisse seines Enkels. Der kleine Konstantin bekommt hierfür eine bildhafte Darstellung bekannter Tiere vorgelegt, die er mit seinem Großvater bei ihrem letzten Ausflug in den städtischen Zoo betrachten durfte.

Kopiervorlage

Aufgabe
Welche Tiere verstecken sich in diesen „Wortzeichnungen"?

1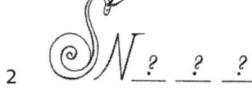

5

2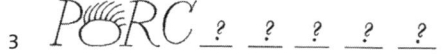

3

6

7

4

8

Lösung

1. Giraffe (Giraffe)
2. Snake (Schlange)
3. Porcupine (Stachelschwein)
4. Shark (Hai)

5. Cow (Kuh)
6. Rabbit (Kaninchen)
7. Turkey (Truthahn)
8. Bat (Fledermaus)

Alpine Englisch

Präsentation:	Offenes Lernen (Einzeln, Partner, Gruppe)/Teampunkte/Tempofragen
Schwierigkeit:	leicht – mittel
Schuljahre:	7–10
Fach:	Englisch
Material:	Kopiervorlage

„Können Sie diesen Text lesen, Herr Professor? Ihr Englisch ist ja bekanntermaßen sehr gut." Nach wenigen Minuten gibt Professor Sophiadis das Blatt mit zweifelndem Blick an seine Studentinnen und Studenten zurück. Er kennt zwar viele englische Wörter, bringt aber keinen Sinn in den Text.

Aufgabe
Was sollte Professor Sophiadis vom Blatt ablesen?

Hinweis
Der Dialog sieht englisch aus, ist aber in einem Tiroler Alpental entstanden.

Kopiervorlage

She fawn is lie want!

Baby: My nay she sure dorn way!
Hias: Woe dean?
Baby: By dar fair sane.
Hias: Loss me shown. Host us far cared own. Dish null an cairn ouse an. Soda, yeats game us own. For ma mid'n say say lift oven idea o the he gale.
Baby: It row minute.
Hias: Gey hair do, ace is Nick star by.
Baby: Ace is o'bear so I sick.
Hias: Dive ale I knee! Gay hair dough! E for four, do forced hint air mere know, o bear sheer nay bow girl.
Baby: Word Hias! E hope an stearn grease un.
Hias: Gay halt in Dick near! Fix Noah mole, day is was mid day own fan gare. Nick's we share O'Ryan. Shy's drag.

Lösung

Es bedarf einiger Übung das „Tiroler Englisch" zu entziffern, daher kursiv in Klammer Ergänzungen durch den Autor.

Schifahren ist leiwand! (d. h. super)

Baby: Meine neuen Schischuhe tun weh!
Hias: Wo denn?
Baby: Bei der Ferse.
Hias: Lass mich schauen. *(Du)* hast sie verkehrt an. Die Schnallen gehören *(nach)* außen. So, jetzt gehen wir es an. Fahren wir mit dem Sessellift über den Idiotenhügel *(Anfängerhang)*.
Baby: Ich trau mich nicht.
Hias: Geh her da *(Stell dich nicht so an)*, es ist nichts dabei.
Baby: Es ist aber so eisig.
Hias: Teufel *(Teifleini, ein tiroler Fluch)*, geh her da. Ich fahre vor, du fährst hinter mir nach, aber schöne Bogerl *(Bögen)*.
Baby: Warte, Hias. Ich habe einen Stern gerissen *(Ich bin gestürzt)*.
Hias: Geh halt in die Knie! Fixnochmal, das ist was mit den Anfängern. Nichts wie Scherereien. Scheißdreck *(in Tirol eine gängige Ausdrucksform)*.

Palindromische Uhrzeiten

Präsentation:	Teampunkte/Tempofragen
Schwierigkeit:	mittel
Schuljahre:	8–13
Fach:	Deutsch, Englisch, Mathematik
Material:	Text

In seiner Freizeit beschäftigt sich Professor Sophiadis gern mit allerlei gedanklichen Spielereien. So findet er besonders Palindrome faszinierend, also Wörter oder Sätze, die man von links nach rechts, aber auch von rechts nach links lesen kann, ohne dass sich deren Bedeutung ändert. Beispiele aus der deutschen Sprache sind die Namen „Anna" und „Otto". Aber auch längere Wörter, wie etwa „Reliefpfeiler" oder ganze Sätze wie „Ein Neger mit

Gazelle zagt im Regen nie" oder „Eine Treue Familie bei Lima feuerte nie" haben Eingang in Professor Sophiadis Sammlung gefunden. Auch in der englischen Sprache finden sich sehr amüsante Satzbeispiele: „Was it Eliot's toilet I saw?" oder „Too far, Edna, we wander afoot." Napoleon könnte bei seiner ersten Verbannung gesagt haben: „Able was I ere I saw Elba." Aber das ist bloße Spekulation. Sehr bekannt ist die galante Vorstellung eines gewissen Herrn Adam: „Madam, I'm Adam."

„Schade," meinen viele Kinder, „ich würde meinen Namen auch gerne vorwärts und rückwärts lesen können." Nun, mit einem kleinen Trick können Sie für die Namen aller Ihrer Schülerinnen und Schülern einen palindromischen Satz anbieten. Allerdings funktioniert dies nur in der englischen Sprache. Ich gebe Ihnen ein Beispiel: „‚Hugo Kastner', sides reversed is, ‚Rentsak Oguh'".

Es gibt aber auf jeder Digitaluhr auch zahlreiche palindromische Uhrzeiten. Stunden, Minuten und Sekunden werden üblicherweise durch drei nebeneinander stehende Zahlen angezeigt, die durch Doppelpunkte getrennt werden. Dabei sind Minuten und Sekunden immer zweistellig, Stunden können dagegen auch einstellig sein, da die führende Null nicht angezeigt wird. So sind etwa die Uhrzeiten 6:08:06 oder 21:11:12 palindromischer Natur. Professor Sophiadis hat bereits herausgefunden, dass es insgesamt sechshundertsechzig Uhrzeiten gibt, die diese spiegelbildliche Eigenschaft haben. Nun zur Frage für die Denksportfreunde:

Aufgabe
Zwischen welchen beiden Palindromen eines Tages besteht der kürzeste Abstand?

Lösung
2 Sekunden liegen zwischen 9:59:59 und 10:00:01. Der größte Abstand findet sich zwischen 15:55:51 und 20:00:02.

Einbein – Zweibein – Dreibein

Präsentation:	Tempofragen
Schwierigkeit:	mittel
Schuljahre:	6–10
Fach:	Deutsch
Material:	Text

In einem Experiment teilt Professor Sophiadis seine Klasse in zwei Schülergruppen auf, wobei die Schüler der einen Gruppe die Augen schließen müssen. Dann spricht er ihnen langsam und klar verständlich den folgenden Text vor:

> Ein Zweibein sitzt auf einem Dreibein und isst ein Einbein. Jetzt kommt ein Vierbein und nimmt dem Zweibein das Einbein weg. Da packt das Zweibein das Dreibein und bedroht das Vierbein.

Als nächster Schritt kommt ein Arbeitsauftrag an beide Gruppen: „Schreibt den gerade gehörten Text auf ein Blatt Papier."

Aufgabe
Die Gruppe mit den verbundenen Augen hat größte Schwierigkeiten mit dieser Aufgabe, die andere Gruppe schreibt den Text problemlos nieder. Warum ist dies so?

Lösung
Professor Sophiadis begleitet seine Worte pantomimisch. Das Zweibein ist er selbst, das Dreibein ein Hocker, das Einbein eine Hühnerkeule und das Vierbein ein Hund.

Bemerkung
Sie können alternativ zur vorgeschlagenen Präsentation die Schülerinnen und Schüler auch raten lassen, was mit Einbein, Zweibein, Dreibein und Vierbein gemeint sein könnte. Allerdings wird dabei die Kraft der Pantomime weniger deutlich sichtbar.

Münzprobleme

Die Vielfalt der Aufgabenstellungen, die Sie mit Münzen auf den Tisch zaubern können, ist ungemein erstaunlich. Dabei wird bei manchen Münzproblemen die geometrische Vorstellungskraft der Kinder ziemlich gefordert. Durch reines Abzählen lassen sich in den wenigsten Fällen schnelle Ergebnisse erzielen. Gefragt ist die richtige Strategie, wie bei vielen Denkspielen. Besonders für den Geometrieunterricht versprechen die hier angebotenen Aufgaben einige Abwechslung.

Für die Schülerinnen und Schüler ist die – wortwörtlich zu verstehende – praktische Handhabung dieser Aufgabenkategorie enorm anregend. „Learning by doing" ist angesagt, noch dazu in leistungsdifferenzierter Form. Tatsächlich knobelt ein Kind leichter über einem Problem, wenn sich der Weg zum eigentlich Ziel veranschaulichen lässt. Und genau das ist bei allen diesen Münzproblemen der Fall.

Besonders für Offenes Lernen sind diese anschaulichen Aufgaben, die Lernen mit allen Sinnen ermöglichen, sehr zu empfehlen. Auch die Möglichkeit der Selbstkontrolle ist meist bereits durch das Lösungsbild vorgegeben. Das Ziel ist entdeckendes Lernen und eigenständiges Erarbeiten der Lösungen.

Es macht selbstverständlich keinen Unterschied, ob die Schülerinnen und Schüler die Rätselaufgaben dieser Kategorie mit Euro- oder Centmünzen, mit Spielchips oder sogar Knöpfen als Anschauungsmaterial zu lösen versuchen. Beim Offenen Lernen ist es aus pädagogischen Gründen sehr zu empfehlen, möglichst kleine Währungseinheiten oder eben Spielchips zu verwenden.

Sprunghafte Paarungen

Präsentation:	Offenes Lernen (Einzeln, Partner)/ Teampunkte/Tempofragen
Schwierigkeit:	mittel
Schuljahre:	5–8
Fach:	Mathematik
Material:	Münzen

Zehn 1-Euro-Münzen liegen vor Mr. Coin, unserem Geldexperten (siehe Abbildung).

Abbildung

1   2   3   4   5   6   7   8   9   10

Aufgabe
Die trickreiche Aufgabe besteht darin, so wird ihm gesagt, jeweils eine Münze über zwei andere Münzen springen zu lassen, egal in welche Richtung, sodass nach fünf Sprüngen fünf Münzpaare auf dem Tisch liegen.

Wichtig ist, dass es tatsächlich immer zwei übersprungene Münzen sind, keine mehr, keine weniger. Dabei zählen bereits entstandene Paare als zwei Münzen. Leerräume dagegen haben keine Bedeutung.

Hinweis
Die Schülerinnen und Schüler sollten diese Denksportaufgabe unbedingt mit realen Münzen ausprobieren und keinesfalls nur im Kopf zu lösen versuchen. Außerdem empfehle ich, die Sprungfolge aufschreiben zu lassen, da bei diesem Problem oft Scheinlösungen gefunden werden. Statt über zwei Münzen springen die Kinder gerne nur über eine ausliegende Münze.

Lösung
Eine der möglichen Lösungen sieht so aus: 4 – 1, 6 – 9, 8 – 3, 2 – 5, 10 – 7. In diesem Fall haben die neu gebildeten Münzpärchen zusätzlich gleichen Abstand voneinander.

Münzdreieck

Präsentation:	Offenes Lernen (Einzeln, Partner)/ Teampunkte/Tempofragen
Schwierigkeit:	leicht – mittel
Schuljahre:	5–8
Fach:	Mathematik
Material:	Münzen

„Mr. Coin, Sie haben ein Faible für Münzen, wird behauptet." „Das stimmt schon. Ich mag Problemstellungen, die durch Münzen bildhaft gemacht werden können." „Nun, gut, dann versuchen Sie das folgende Problem zu lösen." Und schon werden zehn Euromünzen zu einem gleichseitigen Dreieck angeordnet (siehe Abbildung).

Abbildung

Aufgabe
Die Aufgabe besteht darin, vier Münzen wegzunehmen, sodass kein einziges gleichseitiges Dreieck, egal welcher Größe, übrig bleibt.

Erklärung
Die drei Münzen an der Spitze der Abbildung bilden ein gleichseitiges Dreieck. Es entsteht aber auch ein gleichseitiges Dreieck durch jeweils drei der sechs Münzen, die am zentral platzierten Euro anliegen.

Lösung

Münzsolitär

Präsentation:	Offenes Lernen (Einzeln, Partner)/ Teampunkte/Tempofragen
Schwierigkeit:	mittel – schwer
Schuljahre:	5–10
Fach:	Mathematik
Material:	Münzen

Die nächste Aufgabe für Mr. Coin ist schon einen Grad schwieriger: Wieder werden zehn Münzen wie in der vorigen Abbildung (Münzdreieck) aufgelegt. Ein einziger Euro darf weggenommen werden, um ein Loch in dieser geometrischen Figur aufzumachen.

Im eigentlichen Spiel wird jeweils eine Münze von einer der verbleibenden neun übersprungen, und zwar auf einen freien Platz unmittelbar dahinter. Auch Doppel- und Dreifachsprünge sind erlaubt. Dabei darf der Dreiecksrahmen jedoch nie verlassen werden. Jeder übersprungene Euro wird vom Tisch genommen. Eine Sprungfolge (aus zwei oder drei Einzelsprüngen) gilt als Spielzug.

Aufgabe
Das Problem liegt darin, alle bis auf eine Münze in nur fünf Spielzügen abzuräumen! Versuchen Sie es einmal.

Hinweis
Das Loch darf auf 2, 3, 4, 6, 8 oder 9 aufgemacht werden, nicht jedoch an den Spitzen des Dreiecks oder in der Mitte. Im letzteren Fall ist kein Sprung möglich.

Wenn Sie die Aufgabe für Ihre Schülerinnen und Schüler schwirig machen wollen, sagen Sie Ihnen zunächst weder wo das Loch sein muss noch die optimale Anzahl von Sprüngen.

Lösungsbeispiel: Loch auf 2
1. Zug 7–2
2. Zug 1–4
3. Zug 9–7, 7–2
4. Zug 6–4, 4–1, 1–6
5. Zug 10-3

```
        1
      · 3
    4 5 6
  7 8 9 10
```

Walzerdrehung

Präsentation:	Offenes Lernen (Einzeln, Partner)/ Top Tipp
Schwierigkeit:	leicht
Schuljahre:	5–6
Fach:	Mathematik
Material:	Münzen

„Wie wär's mit einer kleinen Aufgabe mit nur zwei Münzen?" Mr. Coin ist ziemlich unbeeindruckt. „Dafür ist sie nur im Kopf zu lösen." „Das klingt schon interessanter."

Aufgabe
„Stellen Sie sich zwei auf dem Tisch liegende Euromünzen vor, die wie in der Abbildung übereinander liegen. Die obere Münze soll, ohne den Kontakt mit der unteren Münze zu verlieren, einmal um diese gedreht werden. Wie oft dreht sich die obere Münze bei dieser Rotation um die eigene Achse."

Abbildung

Mr. Coin reagiert für eine Sekunde verblüfft, dann produziert er die korrekte Antwort. Sie lautet?

Lösung
Zweimal.

Um dies zu verdeutlichen, halten Sie einfach die untere Münze mit einem Finger fest und drehen Sie die obere langsam im Uhrzeigersinn um den Rand der fixierten Münze. Schon auf halbem Weg hat der Einser wieder in voller Pracht seine ursprüngliche Ausrichtung gefunden.

Münzturm

Präsentation:	Teampunkte/Tempofragen
Schwierigkeit:	leicht
Schuljahre:	5–8
Fach:	Mathematik
Material:	Münzen

Mr. Coin spielt gedankenverloren mit einer Hand voll Münzen in seiner Tasche. Plötzlich stellt er sich folgende interessante Frage:

Aufgabe
Mit wie vielen 1-, 2-, 5-, 10- und 50-Cent-Münzen kann ich jeden Wert zwischen 1 Cent und 1 Euro darstellen?

Selbstverständlich muss Mr. Coin nicht allzu lange herumprobieren.

Lösung
9 Münzen werden benötigt, und zwar eine 1-Cent-, zwei 2-Cent-, eine 5-Cent-, vier 10-Cent- und eine 50-Cent-Münze. 99 Cent lassen sich bequem durch acht Münzen, nämlich 50, 10, 10, 10, 10, 5, 2 und nochmals 2 Cent darstellen. Für die Werte 1 Cent, 3 Cent, 6 Cent usw. ist allerdings unbedingt eine 1-Cent-Münze nötig. Daher braucht Mr. Coin insgesamt 9 Münzen.

Münzring

Präsentation:	Offenes Lernen (Einzeln, Partner)/ Teampunkte
Schwierigkeit:	mittel
Schuljahre:	5–8
Fach:	Mathematik
Material:	Münzen

Aufgabe
„Können Sie in nur drei Zügen aus dem Münzparallelogramm einen Münzring machen?" „Sehr einfach", entgegnet Mr. Coin. „Moment, da ist noch eine Einschränkung zu beachten: Nach jeder Bewegung muss die gezogene Münze zwei andere Münzen berühren. Dadurch wird die neue Lage eindeutig festgelegt."

Die Abbildung zeigt Ausgangs- und Endposition. In der Mitte des Kreisrings hat genau eine weitere Münze Platz.

Abbildung   1   2   3
           4   5   6

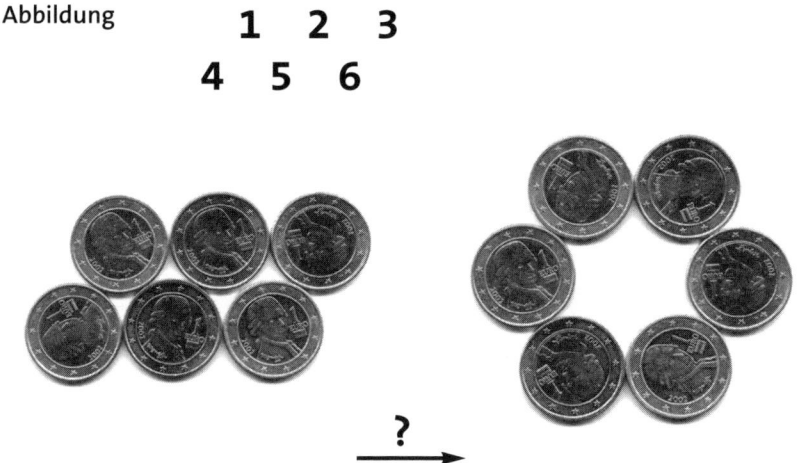

Lösung
Verschieben Sie die 6 so, dass die 4 und 5 berührt werden. Dann wird die 5 nach rechts bewegt und liegt damit von unten an die 2 und die 3 an. Zuletzt rotiert die 3 im Uhrzeigersinn um die 5 und vollendet zwischen dieser und der 6 den Münzkreis.

Bemerkung

Wenn Sie die Lösung vorführen und Ihren Kindern eine Zusatzhürde einbauen wollen, lassen Sie das Parallelogramm einfach in die andere Richtung schauen, Sie richten es also spiegelverkehrt aus.

10-Euro-Kreis

Präsentation:	Offenes Lernen (Partner)/ Spiele-System
Schwierigkeit:	mittel
Schuljahre:	5–10
Fach:	Mathematik
Material:	Münzen

„Heute habe ich ein kleines Spielchen mit Ihnen vor, Mr. Coin. Ich hoffe, Sie sind gut ausgeschlafen." Und schon werden zehn Münzen in einen Kreis gelegt (siehe Abbildung).

Abbildung

Aufgabe
Abwechselnd dürfen Mr. Coin und sein Spielpartner eine oder zwei Münzen aus dem Kreis wegnehmen. Wer die letzte Münze erhält, hat das Spiel gewonnen. Es gibt eine einzige Bedingung: Werden zwei Münzen aufgenommen, müssen diese nebeneinander liegen, ohne offene Räume dazwischen. Mr. Coin darf entscheiden, ob er beginnen möchte. Soll er oder soll er nicht?

Hinweis
Geben Sie Ihren Schülerinnen und Schülern Gelegenheit, einige Matches durchzuspielen. Dadurch lässt sich die Frage fast von selbst beantworten.

Lösung
Mr. Coin sollte nicht beginnen, sondern seinem Gegenüber den Vortritt lassen. Bei optimaler Strategie gewinnt immer derjenige, der als zweiter an die Reihe kommt.

Die Strategie ist folgende: Nimmt der erste Spieler eine oder zwei Münzen, kontert der zweite mit einer oder zwei Münzen, die im Kreis genau gegenüberliegen. Dadurch entstehen zwei gleich große Gruppen. Im weiteren Spiel wird diese Strategie konsequent weiterverfolgt.

Bemerkung
Der Münzkreis funktioniert übrigens auch mit jeder anderen Anzahl von Münzen.

Euro & Cent

Präsentation:	Spiele-System
Schwierigkeit:	mittel
Schuljahre:	7–10
Fach:	Mathematik
Material:	Münzen, Stoppuhr

Aufgabe
Diesmal muss Mr. Coin die Positionen der Euro- und Cent-Münzen in der Abbildung in genau acht Zügen tauschen. Dabei sind nur zwei Arten von Bewegungen erlaubt: 1. Eine Münze darf auf einen leeren Platz geschoben werden. 2. Eine Münze darf eine andere überspringen, wenn der dahinter liegende Platz leer ist.

Festung _____ **113**

„Sieht einfach aus", denkt unser Münzexperte. Mr. Coin bekommt für diese Schiebeaufgabe genau fünf Minuten Zeit.

Abbildung

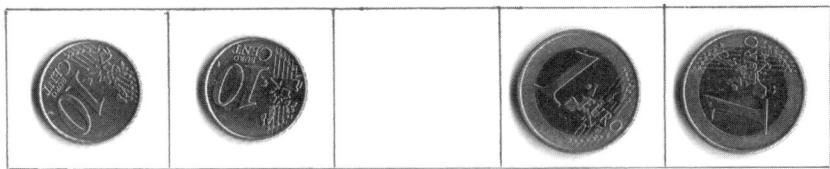

Lösung
1. Bewege die 10-Cent-Münze. 2. Überspringe sie mit dem Euro. 3. Bewege den zweiten Euro. 4. Überspringe ihn mit der 10-Cent-Münze. 5. Überspringe den ersten Euro mit der linken 10-Cent-Münze. 6. Bewege den Euro. 7. Überspringe die 10-Cent-Münze mit dem zweiten Euro. 8. Bewege die 10-Cent-Münze.

Festung

Präsentation:	Offenes Lernen (Einzeln, Partner, Gruppe)/Tempofragen
Schwierigkeit:	mittel
Schuljahre:	5–10
Fach:	Mathematik
Material:	Münzen

Mr. Coin hat sehr viel Erfahrung mit Münzproblemen. Bei der Festungsaufgabe muss er aber doch eine Weile nachdenken.

Aufgabe
Die Seiten einer quadratischen Festung bestehen aus jeweils vier Mauerblöcken (siehe Abbildung). Mr. Coin wird aufgefordert, sieben dieser Mauerblöcke umzuschichten, sodass neuerlich eine quadratische Festung entsteht, allerdings mit fünf Blöcken pro Seite. Mit welchem Trick löst er diese Aufgabe?

Abbildung

Lösung

Das Lösungsbild verlangt ein wenig Fantasie: Die vier Eckblöcke der Festung werden verdoppelt, d. h. es liegen an diesen Stellen jeweils zwei Münzen übereinander.

Rätselhafte Fragen

Geschichten erzählen wird immer als spannend empfunden, und dies nicht nur im Sprachunterricht. Wie kaum ein anderes Thema dieses Buches eignen sich daher die „Rätselhaften Fragen" zur Einbettung in die verschiedensten Schulfächer. Egal ob es sich um Fangfragen handelt, bei denen das Alter der Schüler bei der Schnelligkeit der Antwortfindung kaum eine Rolle spielt, oder um logische Aufgaben. Notwendige Grundvoraussetzungen sind exaktes Hinhören, ein genaues Sprachverständnis sowie aktives Mitdenken.

Die Zusammenstellung in diesem Kapitel ist sowohl für das Offene Lernen mit abschließender Lehrerkontrolle gedacht als auch für kurzweilige Präsentation im Unterricht. In diesem Fall sollte die Klasse zunächst in zwei Gruppen geteilt werden. Danach werden zu jedem Thema fünf Fragen gestellt. Wer zuerst drei richtige Antworten gibt, bekommt einen Punkt gutgeschrieben. Es wird auf einen vorher vereinbarten Punktewert gespielt. Bei manchen Aufgaben ist von Lehrerseite eine Hilfestellung denkbar. Diese hängt stark vom Alter der Schülerinnen und Schüler ab, aber auch von der Übung, die Ihre Klasse mit Sprachrätselspielen hat. Für fortgeschrittene Sprachgruppen ist eine Präsentation auch in der ersten Fremdsprache sehr zu empfehlen. Aber auch eine Darbietung dieser Aufgaben als kreative Rätsel hat sich sehr bewährt. Dabei wird von der Lehrkraft zunächst die Rätselgeschichte erzählt, danach dürfen die Schülerinnen und Schüler Lösungsvorschläge machen, je bizarrer desto besser. Am Ende werden die gesammelten Ideen bewertet und prämiert.

Alle Aufgaben dieses Kapitels werden in thematisch zusammenhängenden Blöcken präsentiert. Dadurch ist sowohl ein fachspezifischer Einsatz als auch fächerübergreifendes Arbeiten möglich. Dass Lernen durch Nachdenken über rätselhafte Fragen auch Spaß macht, ist ein sehr willkommener Nebeneffekt.

Fangfragen I

Präsentation:	Drei Treffer/Kreatives Rätseln/Offenes Lernen (Partner, Gruppe)/Tempofragen
Schwierigkeit:	leicht – mittel
Schuljahre:	5–8
Fach:	Deutsch, Englisch, Fremdsprachen, fächerübergreifend
Material:	Text

1. Wald
Wie weit kann das Reh in den Wald hineinlaufen?

2. Huhn oder Ei?
Eine bekannte Frage lautet: „Was war zuerst da, das Huhn oder das Ei?"

3. Moses
Eine berühmte biblische Rätselfrage lautet: „Wie viele Tiere jeder Art nahm Moses in seine Arche?"

4. Züge
Ein hypermoderner Hochgeschwindigkeitszug fährt mit 180 km/h von Düsseldorf Richtung Südwesten. Ein kalter Ostwind bläst unvermindert mit 40 km/h. In welche Richtung weht der Dampf der Lokomotive?

5. Schiffe
Was läuft bei einem Schiff auf der Backbordseite (linke Seite) nach hinten, auf der Steuerbordseite (rechte Seite) dagegen nach vorne?

Lösungen
1. Wald: Bis zur Mitte. Egal, wie groß der Wald ist oder welche Form er hat, ab der Mitte läuft das Reh wieder hinaus.
2. Huhn oder Ei? Eindeutig das Ei. Jahrtausende bevor es Hühner gab, legten die Dinosaurier bereits Eier.
3. Moses: Keine. Es war Noah, der die Tiere zu retten versuchte.
4. Züge: Moderne Elektrozüge verursachen keinen Dampf.
5. Schiffe: Der Name des Schiffes.

Fangfragen II

Präsentation:	Drei Treffer/Kreatives Rätseln/Offenes Lernen (Partner, Gruppe)/Tempofragen
Schwierigkeit:	leicht – mittel
Schuljahre:	5–8
Fach:	Deutsch, Englisch, Fremdsprachen, fächerübergreifend
Material:	Text

1. Der Waldsee
Auf einer Silvesterparty behauptete Mr. Gurion im Trubel der Festtagsstimmung, ohne Hilfsmittel über den nahe gelegenen Waldsee spazieren zu wollen.
Wie gelang ihm dies zum Erstaunen der Partygäste?

2. Flugzeugabsturz
Stellen Sie sich den folgenden Unglücksfall vor: Ein Flugzeug mit den Top-Eishockeyspielern der National Hockey League aus den USA und Kanada stürzt genau über der Landesgrenze dieser beiden Staaten ab.
In welchem Land würde man die Überlebenden begraben?

3. Tennisspieler
Mr. Gurion und sein Freund Mr. Rubinstein spielten Tennis. Um präzise zu sein, genau fünf Sätze. Jeder der beiden Sportsfreunde gewann drei Sätze.
Wie war das möglich?

4. Sohn, nicht Vater
Mr. Gurion stellte seinem cleveren Freund Mr. Rubinstein eine trickreiche Frage:
„Ich bin ein Mann. Wenn Bens Sohn der Vater meines Sohnes ist, wie bin ich dann mit Ben verwandt?"

5. Voll, bitte
Mr. Gurion fuhr zu einer Tankstelle und sagte: „Voll, bitte." Er staunte nicht schlecht, als der Tankwart murmelte: „Lieber betanke ich zwei Autos von Fremden, als eines von einem Einheimischen."
Wieso dachte der Tankwart so?

Lösungen
1. *Der Waldsee:* Der See war zugefroren.
2. *Flugzeugabsturz:* In keinem. Überlebende werden nicht begraben.
3. *Tennisspieler:* Sie waren Partner in einem Tennisdoppel.
4. *Sohn, nicht Vater:* Mr. Gurion ist Bens Sohn. Am besten kann dieser sprachliche Knoten dadurch gelöst werden, dass „der Vater meines Sohnes" durch „ich" ersetzt wird.
5. *Voll, bitte:* Der Pächter einer Tankstelle bedient immer lieber zwei Autos als eines, egal woher diese kommen.

Die Welt des Zirkus

Präsentation:	Drei Treffer/Kreatives Rätseln/Offenes Lernen (Partner, Gruppe)/Tempofragen
Schwierigkeit:	leicht – mittel
Schuljahre:	5–10
Fach:	Deutsch, Englisch, Fremdsprachen, fächerübergreifend
Material:	Text

1. Kunstschütze
Black Spot Charlie rühmt sich seiner außergewöhnlichen Schussqualitäten und behauptet, folgendes Kunststück beim ersten Versuch bewerkstelligen zu können: Zunächst wird er seinen Hut, einen alten Stetson, aufhängen, dann werden ihm von einem Zuschauer die Augen verbunden. Danach dürfen ihn die Bewunderer einige Male im Kreis drehen, bis sie glauben, dass er die Orientierung verloren hat. Jetzt erst geht er hundert Schritte, dreht sich um und schießt in der gleichen Zehntelsekunde mitten durch den Hut.
Wie schafft Black Spot Charlie dieses Kunststück?

2. Tragkraft
Black Spot Charlie erzählt seinem Publikum von einer wunderbaren Wanderung im Bergland. Als er zu einer kleinen, alten Holzbrücke kam, las er, dass die maximale Tragkraft genau 75 kg beträgt. Sein Körpergewicht plus Ausrüstung machte exakt 73 kg aus. Black Spot Charlie hatte an diesem Tag drei schöne, je ein Kilo schwere Halbedelsteine gefunden, die er stolz mit nach Hause nehmen wollte.

Wie konnte Black Spot Charlie mit den drei Steinen in einem Gang die Brücke überqueren?

3. Pingpongball
Black Spot Charlie hat in seiner Jugend viel Tischtennis gespielt. Er behauptet vor einem erstaunten Publikum, einen Pingpongball so werfen zu können, dass er ein kurzes Stück fliegt, plötzlich stoppt und wieder selbstständig zurückkehrt, ähnlich wie ein Bumerang. Der Ball wird nirgends befestigt und prallt auch von keinem Gegenstand ab.
Wie gelingt Black Spot Charlie dieser Kunstwurf?

4. Pferdsprung
Eines Tages wurde Black Spot Charlie Zeuge eines bedauerlichen Vorfalls: Ein Pferd sprang elegant über einen Turm und landete unsanft auf einem kleinen Mann.
Wo passierte dieses Missgeschick?

5. Seiltanz
Auch Black Spot Charlie ist nicht von Missgeschicken befreit. Bei einer seiner berühmten Seiltanzvorführungen mit verbundenen Augen stürzte er plötzlich zehn Meter vom Hochseil ins Fangnetz.
Wieso konnte er bei dieser Vorführung nicht seine schlafwandlerische Sicherheit zeigen?

Lösungen
1. Kunstschütze: Er hängt den Hut über den Lauf seiner Flinte.
2. Tragkraft: Black Spot Charlie ist Hobbyjongleur. Beim Überqueren der Brücke half ihm seine Kunst. Er ließ jonglierend immer einen Halbedelstein durch die Luft fliegen.
3. Pingpongball: Er wirft den Ball senkrecht in die Luft. Für alles Weitere sorgt die Gravitation.
4. Pferdsprung: Bei einer Schachpartie: Der Springer hüpfte über den Turm und landete auf einem gegnerischen Bauern.
5. Seiltanz: Das Orchester stoppte überraschend die Musik. Black Spot Charlie glaubte dadurch, dass er bereits die Plattform erreicht hätte. Er machte den vermeintlich sicheren Schritt und plumpste hilflos in die Tiefe.

Klassisches

Präsentation:	Drei Treffer/Kreatives Rätseln/Offenes Lernen (Partner, Gruppe)/Tempofragen
Schwierigkeit:	leicht – mittel
Schuljahre:	5–10
Fach:	Deutsch, Englisch, Fremdsprachen, fächerübergreifend
Material:	Text

1. Gauss
Karl Friedrich Gauss gilt als einer der größten Mathematiker, die je gelebt haben. Bereits als Kind soll er ein brillanter Rechner gewesen sein. So wird berichtet, dass er bei der folgenden Aufgabe, die sein Volksschullehrer der Klasse stellte, um die Kinder still zu beschäftigen, die Lösung in wenigen Augenblicken zur Verblüffung seines Lehrers parat hatte. Nun zur Rechenaufgabe, die Gauss lösen musste: „Zählt die Zahlen von 1 bis 100 zusammen."
Wie schaffte Gauss die Antwort in wenigen Sekunden?

2. Kerzenmacher
Wenn man aus den Resten von 10 Kerzen eine neue Kerze machen kann, wie viele Kerzen sind dann aus den Stumpen von 1 000 Kerzen möglich?

3. Uralte Erfindung
Welche uralte Erfindung, die fast überall auf der Erde bei allen Völkern zu finden ist, ermöglicht es dem Menschen durch Wände zu schauen?

4. Heinrich VIII
Der berüchtigte Herrscher Heinrich VIII schenkte seiner Frau ein Behältnis ohne Boden, in das sie Fleisch und Blut hineinstecken sollte.
Was gab er ihr? Keine Angst, es hat nichts mit Mord und Totschlag zu tun.

5. Erbauer
Der Erbauer will ihn nicht für sich, der Käufer verwendet ihn nicht für sich, und der Benutzer sieht ihn nicht einmal.
Was ist gemeint?

Biologisches

Lösungen
1. Gauss: Gauss zählte einfach zwei Zahlen von den Enden der Additionsreihe zusammen, also 1 + 100 = 101, 2 + 99 = 101 usw. Da er genau 50 Zahlenpaare hatte, konnte er im Nu das Resultat nennen: 50 x 101 = 5050.
2. Kerzenmacher: 111. Im ersten Arbeitsvorgang werden aus den Stumpen der 1 000 Kerzen genau 100 neue gemacht. Aus den Resten dieser 100 ergeben sich exakt 10 Kerzen, und schließlich ergeben die Reste dieser 10 Kerzen genau 1 „letztes Lichtlein".
3. Uralte Erfindung: Das Fenster.
4. Heinrich VIII: Einen Ring.
5. Erbauer: Ein Sarg.

Biologisches

Präsentation:	Drei Treffer/Kreatives Rätseln/Offenes Lernen (Partner, Gruppe)/Tempofragen
Schwierigkeit:	leicht – mittel
Schuljahre:	5–10
Fach:	Biologie, Deutsch, Englisch, Fremdsprachen, fächerübergreifend
Material:	Text

1. Pinguineier
Ein Forscherteam stellt auf einem Kongress die eingefrorenen Leichen arktischer Bewohner zur Schau, in deren Mägen Pinguineier gefunden wurden. Der zufällig anwesende Biologe Robert Abbott zweifelt sofort den Fund an. Warum?

2. Totale Finsternis
Der Biologe Robert Abbott begrüßt seine Klasse mit einer kleinen Fachfrage: „Wer sieht in totaler Finsternis am besten, wer am schlechtesten: der Maulwurf, die Eule oder die Fledermaus?"

3. Glas Wasser
Samantha Fox stürzte auf die Bar zu und bat den befreundeten Barkeeper eindringlich um ein Glas Wasser. Anstatt ihren Wunsch zu erfüllen, schlug Charles Gillespie mit einem leeren Bierglas heftig auf den Tresen, sodass

alle Besucher der Bar erschreckt auffuhren. Sekunden später lächelte Samantha jedoch wieder, gab dem Barkeeper einen flüchtigen Kuss auf die Wange und verließ schnellstens die Bar.
Warum hat sich Samantha so freundlich bedankt?

4. Der Baumstamm
Als kleines Kind hatte die achtjährige Rachel Jones einen Nagel in die Eiche im Garten ihres Großvaters geschlagen, um ihre Körpergröße zu markieren. Zehn Jahre später wollte die neugierige junge Dame sehen, wie hoch der Nagel inzwischen war. Der Baum war ziemlich regelmäßig um sieben Zentimeter pro Jahr gewachsen.
Um wie viel höher steckte der Nagel im Baum?

5. Pferdejob
Die Welt der Cowboys kann erstaunliche Fragen aufwerfen. Ein Pferd namens Jolly Jumper legt mit zwei seiner Beine jeden Tag 29 km zurück, mit den beiden anderen 30 km.
Wie ist dieser gewaltige Unterschied zu erklären?

Lösungen
1. Pinguineier: Pinguine sind in der Arktis nicht heimisch. Sie leben nur in der südlichen Hemisphäre.
2. Totale Finsternis: Keines der drei Tiere, denn bei völliger Dunkelheit kann niemand etwas sehen.
3. Glas Wasser: Samantha hatte einen schrecklichen Schluckauf. Ein Glas Wasser hätte ihr vielleicht geholfen, aber das beste Mittel war der Schock, den der unerwartete Schlag auf den Tresen auslöste. Der Schluckauf war von der einen Sekunde auf die andere verschwunden.
4. Der Baumstamm: Der Nagel befand sich genau dort, wo Rachel ihn als Kind eingeschlagen hatte, denn Bäume wachsen nur nach oben.
5. Pferdejob: Jolly Jumper treibt eine Mühle an. Dabei bewegt er sich ständig im Kreis, wodurch die beiden äußeren Beine eine größere Distanz zurücklegen als die beiden inneren.

Menschliches

Präsentation:	Drei Treffer/Kreatives Rätseln/Offenes Lernen (Partner, Gruppe)/Tempofragen
Schwierigkeit:	leicht – mittel
Schuljahre:	5–10
Fach:	Deutsch, Englisch, Fremdsprachen, fächerübergreifend
Material:	Text

1. Bauarbeiter
Marc und Tony sind zwei sehr fleißige und reinliche Bauarbeiter. Eines Tages fallen beide bei leichtem Regen vom schlüpfrigen Gerüst. Erdpatzen bekleckern Tonys Stirn und Wangen. Marc dagegen bleibt völlig sauber. Dennoch geht Marc sofort nach dem Sturz in den Waschraum, um sein Gesicht zu säubern. Tony dagegen arbeitet unbeirrt weiter.
Warum?

2. Zeitungsseite
Mary und ihr Bruder Sam hatten wieder einmal Streit. Verärgert ließ die geplagte Mutter die beiden Achtjährigen eine halbe Stunde auf einer Zeitungsseite stehen. Dabei durften sich die Kinder nicht berühren.
Wie war dies den beiden Streithälsen möglich?

3. Vater & Großvater
Eine außergewöhnliche Familienchronik berichtet das Folgende: Der Vater eines gewissen Stephen Hendry war älter als sein Großvater.
Wie ist dies möglich?

4. Exil, Hochzeit
Es wird die Geschichte eines alten Taglöhners überliefert, der seinem König einen großen Dienst erwiesen hatte. Dafür sollte er die Hand der Königstochter bekommen. Dem König gefiel dies nun gar nicht. Er konnte die Bitte aber nicht einfach abschlagen, daher machte er dem armen Taglöhner einen Vorschlag: Zwei Stück Pergament würden vor den Augen des gesamten Volkes in einen Hut gelegt, ein Pergament mit der Aufschrift „Hochzeit", das andere mit dem Wort „Exil". Der Taglöhner sollte durch Ziehen eines Pergaments mit eigener Hand über sein Schicksal entscheiden. Zufällig jedoch

vernahm der Taglöhner, dass beide Pergamente mit „Exil" beschrieben würden. Damit sollte für ihn die Hand der Königstochter unerreichbar bleiben. Der schlaue Taglöhner ließ sich aber nicht beeindrucken.
Wie bekam er doch noch seine Märchenprinzessin?

5. Schwägerin
„Was ist der näheste Grad an Verwandtschaft, der zwischen der Schwägerin der Schwester deines Vaters und dir möglich ist?", wurde Malcolm X gefragt. Nach kurzem Nachdenken kam die eindeutige Antwort.

Lösungen
1. Bauarbeiter: Marc sieht Tonys schmutziges Gesicht, nimmt daher an, beim Sturz vom Gerüst auch etwas abbekommen zu haben. Tony hat keinen Grund zu dieser Annahme. Er geht daher sofort wieder seiner Arbeit nach.
2. Zeitungsseite: Die Zeitung wurde von der grausamen Mutter unter dem Türspalt durchgeschoben. Mary musste im Flur stehen, Sam im Wohnzimmer.
3. Vater & Großvater: Stephen Hendrys Vater war älter als der Großvater mütterlicherseits.
4. Exil, Hochzeit: Er nahm vor den Augen aller Anwesenden ein Pergament aus dem Hut und zerriss es ungelesen in Tausend Stücke, die er dem Wind überließ. Dann ersuchte er den König, das andere Pergament zu präsentieren. Um sein Gesicht zu wahren, musste der König das Blatt mit dem Wort „Exil" hervorziehen. Beeindruckt von der Klugheit des Taglöhners gab der Monarch ihm bereitwillig seine Tochter zur Gemahlin.
5. Schwägerin: „Sie könnte meine Mutter sein."

Aus der Welt der Technik

Präsentation:	Drei Treffer/Kreatives Rätseln/Offenes Lernen (Partner, Gruppe)/Tempofragen
Schwierigkeit:	leicht – mittel
Schuljahre:	5–10
Fach:	Deutsch, Englisch, Fremdsprachen, Physik, fächerübergreifend
Material:	Text

Aus der Welt der Technik

1. Gangschaltung
Billy Wilder fuhr mit seinem alten Mercedes durch den Schwarzwald. Plötzlich sprang das Auto in einen anderen Gang. Billy ließ sich nicht beirren und fuhr einfach weiter.
Wieso blieb er so ruhig?

2. Lastwagen
Die folgende Frage ist ein Gedankenexperiment: Eine zwei Kilometer lange Brücke kann genau 10 Tonnen Belastung aushalten, kein Gramm mehr. Ein voll beladener Lastwagen, exakt 10 Tonnen schwer, fährt bis zur Mitte der Brücke. Dort setzt sich ein neugieriger Spatz, der mickrige 35 g wiegt, auf das Dach des Fahrzeuges.
Wieso bricht die Brücke dennoch nicht zusammen?

3. Schallplatte
Eine alte LP (Langspiel-Schallplatte) mit den Songs von Edith Piaf hat auf Seite A acht und auf Seite B elf wunderbare Chansons.
Wie viele Rillen sind daher auf den beiden Seiten dieser LP eingraviert?

4. Ozonforschung
Professor Amundsen meldete die neuesten Messergebnisse der Ozonforschungsstelle Chill II aus der Antarktis. Dabei war ihm, so meinte seine Assistentin in Oslo, eine wissenschaftliche Ungenauigkeit unterlaufen. Professor Amundsen hatte den Tagestemperaturwert mit 40° minus angegeben, dabei aber vergessen zu melden, ob in Celsius oder Fahrenheit gemessen wurde. Auf die Nachfrage der Assistentin reagierte der berühmte Professor gelassen schmunzelnd: „Egal, nehmen Sie es, wie Sie wollen."
Warum blieb Professor Amundsen dieser Anfrage gegenüber völlig gleichgültig?

5. Schiff vor Anker
Ein Schiff, die Mirabelle, liegt in Bordeaux vor Anker. Über der Reling hängt eine Strickleiter ins Wasser, deren Sprossen jeweils 40 cm breit sind. Stündlich wird der Wasserspiegel auf Grund der einsetzenden Flut in den nächsten Stunden um 80 cm steigen. Jean-Pierre Perillat sitzt am Ufersteg und zählt die Zahl der Sprossen: es sind genau zwölf.
„Wie viele Sprossen werde ich in vier Stunden sehen?", überlegt er sich.
Könnt ihr ihm helfen?

Lösungen

1. Gangschaltung: Er hatte eine Automatikschaltung.
2. Lastwagen: Auf dem ersten Kilometer bis zur Brückenmitte hat der Lastwagen mehr Benzin verbraucht, als das Gewicht des Spatzen ausmacht.
3. Schallplatte: Zwei. Jede Schallplatte hat nur zwei Rillen. Der Tonarm wird auf diesen Rillen spiralförmig nach innen geführt. Wäre das nicht so, würde die Nadel am Ende jedes Liedes anhalten.
4. Ozonforschung: Bei 40° minus ist die Temperatur in Celsius und Fahrenheit ausgedrückt dieselbe.
5. Schiff vor Anker: Immer noch zwölf Sprossen, denn das Schiff und die Strickleiter steigen beide mit der Flut.

Logisch!

Präsentation:	Drei Treffer/Kreatives Rätseln/Offenes Lernen (Partner, Gruppe)/Tempofragen
Schwierigkeit:	mittel
Schuljahre:	5–13
Fach:	Deutsch, Englisch, Fremdsprachen, Philosophie, fächerübergreifend
Material:	Text

1. Schottisches Schaf
Drei weise Professoren reisen in einem Bummelzug durch die schottischen Highlands. Entspannt betrachten sie die vorbeiziehende Landschaft, als plötzlich der Biologe beim Anblick eines geruhsam grasenden, schwarzen Schafes die Bemerkung macht: „Interessant, die schottischen Schafe sind also schwarz." „Werter Kollege," entgegnet der Physiker, „zumindest einige schottische Schafe sind schwarz, ob alle, können wir von hier aus nicht feststellen." Daraufhin mischt sich der Logiker ein: „Wenn wir schon genau sein wollen, dann dürfen wir nur so viel behaupten: ..." In diesem Moment fährt der Zug in einen Tunnel ein. Der Lärm übertönt die Feststellung des Logikers.
Was wird er wohl gesagt haben?

Logisch!

2. Der Tod der Könige
König Quintilius starb genau 120 Jahre nach der Geburt von König Formosas. Zusammen wurden die beiden Monarchen 100 Jahre alt. König Formosas starb im Jahre 40 vor Christi Geburt.
Wann genau wurde König Quintilius geboren?

3. Vierbändiges Lexikon
In einem Regal der städtischen Bibliothek stehen vier Bände eines alten Lexikons. Jeder Band ist acht Zentimeter dick, wobei der vordere und rückseitige Ledereinbanddeckel je einen halben Zentimeter ausmachen. Ein gefräßiger Holzwurm frisst sich auf gerader Linie von Seite eins des 1. Bandes bis zur letzten Seite des 4. Bandes durch.
Wie viele Zentimeter legt er dabei zurück?

4. Korken
Maxwell Swift liebt kleine Tricks. Vor seinem Publikum wirft er eine 10-Cent-Münze in eine mit Wasser gefüllte Flasche. Dann verschließt er die Flasche mit einem Korken. Maxwell behauptet, die Münze wieder herausholen zu können, ohne die Flasche zu beschädigen oder den Korken abzuziehen.
Wie macht Maxwell Swift das?

5. Seminararbeit
Tim Mourning hatte noch 100 Seiten seiner Seminararbeit fertig zu stellen. „Zwanzig Seiten pro Tag," sagte er sich, „und ich bin in fünf Tagen fertig. Das klappt ja gerade noch." Die erste Hälfte der Arbeit schrieb er mit einem Tempo von jeweils zehn Seiten pro Tag, minutiös und mit vollem Einsatz.
Wie viele Seiten pro Tag musste Tim Mourning für den zweiten Teil der Seminararbeit veranschlagen?

Bemerkung: Die 5. Frage ist auch für viele Schülerinnen und Schüler sehr interessant: Viele von ihnen tappen mit Terminen in die gleiche Denkfalle, wie sie in diesem Rätsel beschrieben wird.

Lösungen
1. Schottisches Schaf: „Zumindest ein Schaf in Schottland ist schwarz. Nun, um ganz präzise zu sein, zumindest auf einer Seite."
2. Der Tod der Könige: 20 vor Christi Geburt. Zwischen dem Tod der Könige lagen, wie wir wissen, genau 120 Jahre. Da beide zusammen nur das Alter

von 100 Jahren erreichten, muss es 20 Jahre geben, in denen keiner der beiden Monarchen lebte. Das muss die Zeit zwischen dem Tod von König Formosas im Jahr 40 vor Christi und dem Geburtsjahr des Quintilius 20 vor Christus gewesen sein.

3. Vierbändiges Lexikon: 17 Zentimeter. Die Bücher stehen geordnet im Regal, von Band 1 bis Band 4. Seite eins vom 1. Band befindet sich daher neben der letzten Seite vom 2. Band. Die letzte Seite von Band 4 wiederum liegt neben Seite eins von Band 3. Der Wurm muss daher nur den Einbanddeckel des 1. Bandes, die kompletten Bände 2 und 3 sowie den Rückendeckel des 4. Bandes durchfressen. 17 cm eben!

4. Korken: Er drückt einfach den Korken in die Flasche hinein.

5. Seminararbeit: Es sind keine dreißig Seiten, wie immer wieder vorgeschlagen wird. Ganz im Gegenteil, Tim Mourning wird seine Arbeit niemals termingerecht abgeben können. Da er bereits für die erste Hälfte, also fünfzig Seiten, die volle Zeit verbraucht hat, müsste er ein Zauberer sein, um in Sekundenschnelle die restliche Seminararbeit zu vollenden.

Geldgeschäfte

Präsentation:	Drei Treffer/Kreatives Rätseln/Offenes Lernen (Partner, Gruppe)/Tempofragen
Schwierigkeit:	leicht – mittel
Schuljahre:	5–10
Fach:	Deutsch, Englisch, Fremdsprachen, fächerübergreifend
Material:	Text

1. 30 Dollar
Drei Freunde mussten für die Übernachtung in einem Hotel 30 € bezahlen. Als der Manager einige Minuten nach der Abreise der Gäste feststellte, dass er ihnen zu viel Geld abgenommen hatte, schickte er einen Angestellten los, um den drei Gästen 5 € zurückzugeben. Der Angestellte beschloss, 2 € für sich zu behalten und den Freunden nur 3 € auszuhändigen. Damit hätten die drei Freunde je 9 € bezahlt, zusammen also 27 €. Wenn man nun die zwei abgezwackten Euro zu den 27 € dazuaddiert, kommt man auf 29 €.
Wo ist der fehlende Euro?

Geldgeschäfte 129

2. Die Wette
Die drei Freunde wurden auf dem Rummelplatz von einem Fremden angesprochen. Dieser bot folgende Wette an: „Ich wette mit einem von euch um 1 €, dass ich ihm 3 € herausgebe, wenn er mir 2 € gibt."
Müssten sich die drei Freunde darum streiten, wer die Wette einschlagen darf?

3. Goldmünzen
Adam, Benedikt und Christoph finden auf dem staubigen Dachboden von Adams Großvater in einer alten Truhe sieben Goldmünzen. „Ob die wohl noch was wert sind?" Adam ist skeptisch. „Na klar," meint Christoph, „es geht hier nicht um den aufgedruckten Wert der Münze, sondern um das Goldgewicht." In diesem Augenblick entdeckt Benedikt eine kleine vergilbte Notiz in der Truhe:

> „Wer diese Münzen findet, muss eine Rätselaufgabe lösen. Damit soll verhindert werden, dass der Finder beim Verkauf der Münzen um den vollen Erlös gebracht wird. Eine der Münzen ist ein wenig schwerer als die anderen, daher auch wertvoller. Wie kann man mit nur zwei Wiegevorgängen mit einer Balkenwaage feststellen, welche die schwerere Münze ist?"

4. Münzsäcke
Bei einer Ballveranstaltung gibt es einen tollen Preis zu gewinnen, einen Sack voll Münzen. Dafür ist folgendes Problem zu lösen: Vor den Teilnehmern des Preisrätsels stehen zehn Säcke, gefüllt mit jeweils zwanzig Münzen. Einer der Säcke, der Tagespreis, enthält Münzen, die allesamt 20 g wiegen, die anderen neun Säcke dagegen sind mit 10-g-Münzen gefüllt.
Wie kann man mit einem einzigen Wiegevorgang feststellen, welcher Sack den Tagespreis enthält? Die Waage, die verwendet werden darf, ist grammgenau, so viel sei verraten.

5. Autohandel
Adam, Benedikt und Christoph kaufen einen billigen Gebrauchtwagen für 600 €. Bald darauf verscherbeln sie das Gefährt für 800 €. Da Adam aber doch sehr an dem Fahrzeug hängt, beschließen die drei, es zurückzukaufen. Leider müssen sie nun bereits 1000 € hinblättern. Einige Monate später hat auch Adam genug von dem Oldtimer und die drei Freunde verkaufen das Auto erneut, immerhin für 1200 €.
Haben sie bei diesen Kauf- und Verkaufgeschäften insgesamt einen Gewinn gemacht? Wenn ja, wie hoch ist dieser?

Lösungen

1. 30 Dollar: Es fehlt gar kein Geld, sondern die Rechnung stimmt nicht in der Form, wie sie beschrieben ist. In Wahrheit ist so zu rechnen: Der Manager hat 25 € verdient, jeder der drei Freunde hat 1 € zurückbekommen und der Angestellte hat 2 € behalten. Zusammen macht das 30 €.

2. Die Wette: Nein, keinesfalls, denn die Wette bringt in jedem Fall einen Verlust. Der Fremde würde einfach die 2 € nehmen und eingestehen, die Wette verloren zu haben. Mit diesen Worten würde er die Wettschuld von 1 € begleichen und einen Gewinn von genau 1 € nach Hause mitnehmen.

3. Goldmünzen: Zunächst werden je drei Münzen in die beiden Waagschalen gelegt. Bleiben die Schalen im Lot, ist die siebente Münze die schwerere. Wenn nicht, wird mit der Seite der Waagschale weitergemacht, die die schwerere Münze enthält, die sich also nach unten neigt. Beim zweiten Abwägen kommt eine Münze daher in die linke, eine in die rechte Waagschale. Bleibt die Waage diesmal im Gleichgewicht, ist die schwere Goldmünze die eben entnommene. Im anderen Fall zeigt die Waagschale, die sich senkt, die schwere Goldmünze an.

4. Münzsäcke: Zunächst müssen die Säcke von 1 bis 10 nummeriert werden. Dann nehmen die drei Freunde aus dem 1. Sack eine Münze, aus dem 2. Sack zwei, aus dem 3. Sack drei usw. Danach wird gewogen. Wären alle 55 Münzen (1 + 2 + 3 + ... + 10) gleich schwer, nämlich 10g, würde die Waage 550 g anzeigen. Befindet sich aber der Tagespreis im 7. Sack, so wird sich das Gesamtgewicht um 70 g erhöhen, die Waage also auf 620 g hochschnellen. Entscheidend ist also, um wie viel Gramm die Waage über 550 hinausgeht. Zeigt sie 560 g, ist der Tagespreis im 1. Sack, bei 570 g im zweiten, usw.

5. Autohandel: Ja, 400 €. Es scheint zunächst so, dass die drei Freunde insgesamt 200 € verdient hätten. Aber sie haben diese Summe in Wahrheit bei jedem der beiden Verkäufe eingenommen.

From the USA

Präsentation:	Drei Treffer/Kreatives Rätseln/Offenes Lernen (Partner, Gruppe)/Tempofragen
Schwierigkeit:	leicht – mittel
Schuljahre:	5–10
Fach:	Deutsch, Englisch, Fremdsprachen, Geschichte, fächerübergreifend
Material:	Text

1. Pan American Airlines
Pan American Airlines ermöglichte 1969 die Reservierung von mehr als 80 000 Linienflügen, allerdings ohne Datum und genaue Uhrzeit festzulegen. Bis zum heutigen Tag wurden keine Flüge durchgeführt.
Wie ist dies möglich?

2. J. F. Kennedy
John F. Kennedy wurde durch das Attentat in Dallas zu einem Mythos der amerikanischen Geschichte. Er war mit 43 Jahren der jüngste je zum Präsidenten gewählte Mann.
Wieso aber war Kennedy gleichzeitig nur der zweitjüngste Amtsinhaber?

3. Woodrow Wilson
Woodrow Wilson ging als großer amerikanischer Präsident des 1. Weltkriegs in die Geschichte ein. Als viele Jahre nach Ende seiner Amtszeit seine Mutter in einem Zeitungsinterview behauptete, ihren Sohn bei keiner seiner zwei Wahlen gewählt zu haben, machte sich Empörung unter den Lesern breit. Frau Wilson hatte allerdings eine exzellente Begründung parat.
Was führte sie als Entschuldigung an?

4. Die fünf ersten US-Präsidenten
„Von den fünf ersten Präsidenten der USA – Washington, Adams, Jefferson, Madison und Monroe – starben drei am 4. Juli, dem amerikanischen Nationalfeiertag." – so der Bericht einer großen amerikanischen Tageszeitung. Wenn Sie das Sterbedatum dieser fünf Präsidenten nicht kennen, ist die Chance, einen der Präsidenten, der am 4. Juli starb, zu erraten, genau drei Fünftel. Trotzdem könnten Sie um jeden Betrag wetten, einen der drei auf Anhieb zu nennen. Sie müssen nur logisch überlegen.

5. Boston, Massachusetts
In Boston, der größten Stadt in Massachusetts, wurde ein Kind namens Zachary Hamilton geboren, dessen Eltern beide aus Boston stammten. Dennoch war dieses Kind kein amerikanischer Bürger.
Wie ist dies möglich?

Lösungen
1. Pan American Airlines: PanAm nahm in der ersten Euphorie Reservierungen für Flüge zum Mond entgegen. Allerdings wurde der Erdtrabant in den folgenden Jahrzehnten niemals angesteuert.

2. J. F. Kennedy: Die Antwort hat wieder mit einem Präsidentenattentat zu tun. Als im Jahr 1901 McKinley ermordet wurde, folgte der damals 42 Jahre alte Vizepräsident Theodore Roosevelt ins Weiße Haus. Dies allerdings ohne gewählt worden zu sein.

3. Woodrow Wilson: Frauen bekamen in den USA erst im Jahr 1920 das Wahlrecht. Wilson wurde aber bereits 1913 zum Präsidenten gewählt und begann 1917 seine zweite Amtsperiode.

4. Die ersten fünf US-Präsidenten: Tippen Sie auf Monroe. Wäre Monroe nicht am 4. Juli verstorben, hätte die Schlagzeile in der Zeitung sicherlich so gelautet: „Von den ersten vier Präsidenten starben drei am 4. Juli." Adams und Jefferson starben beide am 4. Juli 1826, Monroe genau fünf Jahre später, am 4. Juli 1831.

5. Boston, Massachusetts: Die Geburt war vor 1776, dem Jahr der Unabhängigkeit. Das Kind war damit britischer Staatsbürger.

Kalenderrätsel

Präsentation:	Drei Treffer/Kreatives Rätseln/Offenes Lernen (Partner, Gruppe)/Tempofragen
Schwierigkeit:	leicht – mittel
Schuljahre:	5–10
Fach:	Deutsch, Englisch, Fremdsprachen, fächerübergreifend
Material:	Text

Kalenderrätsel

1. Weihnachten und Neujahr
Der 25. Dezember sowie der Neujahrstag liegen immer genau eine Woche, also sieben Tage, auseinander. Im Jahr der ersten Mondlandung, 1969, war der erste Weihnachtsfeiertag ein Donnerstag, der Neujahrstag dagegen ein Mittwoch.
Wieso ist dies möglich?

2. 5. Juni 1978
Manche Menschen haben ein gutes Gedächtnis. Vielleicht können auch Sie sich noch an den 5. Juni 1978 erinnern.
Was geschah an diesem Tag um 12.34?

3. Volljährig
Vorgestern war Philipp Schneider 15 Jahre alt, nächstes Jahr wird er bereits volljährig, also 18 Jahre alt, sein.
Wie kann das gehen?

4. Cervantes & Shakespeare
Am 23. April 1606 starben die beiden großen Dichterfürsten ihres Landes, der Spanier Miguel Cervantes und der Engländer William Shakespeare. Beide sollten einige Tage nach ihrem Tod beigesetzt werden. Ein Bewunderer der beiden Dichter, ein gewisser Graham Meek, entschloss sich, beide Begräbnisfeierlichkeiten zu besuchen.
Wie war ihm dies bei den bescheidenen Verkehrsmöglichkeiten des 17. Jahrhunderts möglich?

5. Das 21. Jahrhundert
Wann genau begann das 21. Jahrhundert, am 31. Dezember 1999 um 24.00 h oder am 1. Januar 2000 um 0.00 h? Oder sind beide Datumsangaben falsch?

Lösungen
1. Weihnachten-Neujahr: Betrachten Sie die Reihenfolge der beiden Tage in der Fragestellung anders herum. In Wahrheit folgt der erste Weihnachtsfeiertag immer 51 Wochen nach dem Neujahrstag, verschoben um einen Wochentag. Mit der Mondlandung hat das nichts zu tun.
2. 5. Juni 1978: Genau in dieser Minute ließen sich Uhrzeit und Tag in der harmonischen Ziffernfolge 12.34 5.6.78 aufschreiben.

3. Volljährig: Diese Behauptung wurde am 1. Januar aufgestellt. Philipps Geburtstag ist am 31. Dezember. Daher war Philipp vorgestern 15, gestern 16 und am letzten Tag des laufenden Jahres wird er 17 sein. Im nächsten Jahr erreicht Philipp daher klarerweise die Volljährigkeit.

4. Cervantes & Shakespeare: England und Spanien hatten unterschiedliche Kalender. Papst Gregor XIII. hatte bereits 1582 den Kalender reformiert, d. h. einfach zehn Tage ausgelassen (auf den 4. Oktober folgte der 15.), um die astronomische Abweichung des bis dahin gültigen Sonnenjahres wieder auszugleichen. Ostern war nämlich nach und nach immer näher an Weihnachten herangerückt. Dieser neue Kalender galt aber zunächst nur in den katholischen Ländern. Da das protestantische England erst 1752 nachzog, starben die beiden Dichterfürsten gar nicht am gleichen Tag, sondern es lagen genau elf Tage Unterschied dazwischen. Graham Meek konnte somit trotz der bescheidenen Verkehrsmöglichkeiten des frühen 17. Jahrhunderts beiden Schriftstellern die letzte Ehre erweisen.

5. Das 21. Jahrhundert: Beide Angaben sind falsch. Unser Jahrhundert begann erst am 1. Januar 2001. Grundsätzlich wird vom Jahr „1", nicht vom Jahr „0" an jedes Jahrhundert gezählt.

Mordgeschichten

Präsentation:	Drei Treffer/Kreatives Rätseln/Offenes Lernen (Partner, Gruppe)/Tempofragen
Schwierigkeit:	leicht – mittel
Schuljahre:	5–10
Fach:	Deutsch, Englisch, Fremdsprachen, fächerübergreifend
Material:	Text

1. Schere ohne Blutspuren
Peter Müller lag tot in seinem Bett. Kommissar Warmbusch fand neben dem Bett eine spitze Schere, offensichtlich die Tatwaffe. Allerdings gab es keine Blutspuren, weder bei der Leiche, noch an der Schere. Außerdem schien der Körper Peter Müllers völlig unverletzt.
Wie konnte dennoch der Mord mit der Schere durchgeführt worden sein?

Mordgeschichten

2. Kriegsfilm
Averell Dalton wollte seine Frau loswerden und nahm sie zu diesem Zweck zu einem Kriegsfilm mit. Als gerade Granaten explodierten und Häuser lautstark einstürzten, zog Averell seine Pistole und erschoss kaltblütig seine Frau. Ohne von irgend jemandem gestoppt zu werden, verließ er mit der Leiche das Kino.
Wie gelang ihm dies?

3. Mord mit Freispruch
Balthasar und Conrad Twain standen wegen Mordes vor Gericht. Die Geschworenen fanden Conrad für schuldig, Balthasar dagegen wurde freigesprochen. Richter Lawson, bekannt für strenge Rechtsprechung, verkündete das Urteil: „Mr. Conrad Twain, ihre Schuld ist zweifelsfrei erwiesen, aber das Gesetz zwingt mich, Sie dennoch freizulassen."
Wieso kam der Richter zu diesem erstaunlichen Urteil?

4. Lucrezia Borgia
Lucrezia Borgia stammt aus einer berüchtigten florentiner Familie. Sie schreckte auch vor Mord nicht zurück. Gelegentlich erwies sie jemandem die zweifelhafte Gunst, mit ihr einen Apfel zu teilen, den sie mit dem Messer durchschnitt. Binnen weniger Stunden war der unglückliche Gast tot, während sie vergnügt den weiteren Tag genoss.
Wie konnte Lucrezia vom gleichen Apfel essen, ohne vergiftet zu werden?

5. Tundra
Im Norden Sibiriens wurde vom russischen Kommissar Anatol Wlassow im eisigen Schnee der Tundra der Leichnam eines gewissen Mr. Romanow gefunden. Es führten keine Spuren zum erstarrten Körper des Toten hin. Mit geschultem Auge erkannte Kommissar Wlassow, dass der ungeöffnete Rucksack Romanows mit dessen Tod zu tun hatte. Mr. Romanow war weder verdurstet noch verhungert, aber auch nicht den Kältetod gestorben. Es handelte sich also eindeutig um Mord.
Wieso konnte der Kommissar dies bei genauer Untersuchung des Rucksackes wissen?

Lösungen
1. Schere ohne Blutspuren: Peter Müller schlief in einem Wasserbett. Dieses wurde vom Mörder aufgeschlitzt und Peter Müller im Wasser ertränkt.

2. Kriegsfilm: Die Daltons besuchten ein Autokino.
3. Mord mit Freispruch: Conrad und Balthasar Twain sind siamesische Zwillinge. Richter Lawson konnte keinen Unschuldigen hinter Kerkermauern bringen.
4. Lucrezia Borgia: Sie versah nur eine Seite der scharfen Messerklinge mit Gift.
5. Tundra: Der Rucksack enthielt einen Fallschirm. An der Reißleine des Haupt- wie des Notschirms war manipuliert worden. Mr. Romanow stürzte hilflos in den Tod.

Buntes Allerlei I

Präsentation:	Drei Treffer/Kreatives Rätseln/Offenes Lernen (Partner, Gruppe)/Tempofragen
Schwierigkeit:	leicht – mittel
Schuljahre:	5–10
Fach:	Deutsch, Englisch, Fremdsprachen, fächerübergreifend
Material:	Text

1. Katzen und Mäuse
Anthony Walters stellt seinem Enkelkind eine niedliche Rätselfrage:
„Stell dir vor, Sammy, meine drei Katzen Jerry, Micky und Schnurli haben gestern drei Mäuse in drei Minuten gefangen. Wie viele Katzen würde ich bei gleichem Fangtempo brauchen, um hundert Mäuse in hundert Minuten einzufangen?"

2. Der Wurm
„Sammy, stell dir einen dicken Wurm vor, der in einem 40 m tiefen Loch sitzt. Er kann pro Tag vier Meter hinaufkriechen, rutscht aber nachts wieder drei Meter nach unten. Wie lange braucht dieser Wurm, um aus dem Loch herauszukommen?"
Anthony Walters wartet schmunzelnd auf die Antwort.

3. Aircrash
Anthony Walters ist begeistert vom neuen Actionthriller „Aircrash". Beim Verlassen des Kinos fällt ihm eine interessante Rätselfrage dazu ein:

„Hör zu, Sammy. Zwei Flugzeuge rasen in diesem Actionthriller aufeinander zu. Eines, die ‚Eagle' fliegt mit 15 km in der Minute, das andere, die ‚Spirit' mit 25 km in der Minute. Stell dir vor, die beiden Flugzeuge sind in diesem Moment genau 1 000 km voneinander entfernt. Wie weit entfernt sind sie dann exakt eine Minute, bevor sie den Crash verursachen?"

4. Das Paket

Anthony Walters möchte seinem Enkelkind Sammy eine besondere Freude machen und ihm zum 12. Geburtstag per Luftpost eine Angelrute schicken. Um den Transport kostengünstig zu machen, darf das Paket nicht mehr als einen Meter lang sein. Leider ragt die zusammengeklappte Angelrute immer noch 20 cm darüber hinaus. Anthony ist ein einfallsreicher Mann und hat nach einigen Minuten eine gute Idee, wie er sein Geschenk dennoch kostengünstig aufgeben könnte.
Wie sieht diese Idee aus?

5. Kulinarisches

Anthony Walters und sein Enkel Sammy genossen beim letzten Geburtstagsfest so zwischendurch einen Snack. Zunächst jedoch warfen sie das Äußere weg und kochten das Innere. Erst danach aßen sie das Äußere und warfen schließlich das Innere weg.
Was haben Anthony und Sammy gegessen?

Lösungen

1. Katzen und Mäuse: Jerry, Mickey und Schnurli würden ausreichen. Zusammen fangen die drei Kätzchen eine Maus pro Minute. Daher schaffen sie ohne Probleme die hundert Mäuse in hundert Minuten.
2. Der Wurm: 37 Tage. Nach dem ersten Tag-Nacht-Zyklus hat der Wurm 1 m geschafft. So geht es die ersten 36 Tage. Am 37. Tag aber erreicht er mit großer Anstrengung den Rand des Loches, bevor die Nacht anbricht.
3. Aircrash: 40 Kilometer. Der Abstand der Flugzeuge wird in jeder Minute um genau 40 Kilometer geringer. Eine Minute bevor es zum Crash kommt, haben sie daher exakt diese Entfernung voneinander.
4. Das Paket: Er verwendet eine Schachtel von genau einem Meter Länge, die aber so breit ist, dass er die Angelrute diagonal verpacken kann.
5. Kulinarisches: Einen Maiskolben.

Buntes Allerlei II

Präsentation:	Drei Treffer/Kreatives Rätseln/Offenes Lernen (Partner, Gruppe)/Tempofragen
Schwierigkeit:	leicht – mittel
Schuljahre:	5–10
Fach:	Deutsch, Englisch, Fremdsprachen, fächerübergreifend
Material:	Text

1. Seerosenteich

Ein französisches Märchen erzählt von einer Prinzessin, die sehnsüchtig blickend aus ihrem Turmfenster den wunderschönen Seerosenteich im Schlossgarten betrachtete. Täglich verdoppelte sich die Fläche, die die zarten Seerosen bedeckten. Nach dreißig Tagen allerdings war kein Wasser mehr zu sehen.

Bis zum wievielten Tag durfte die Prinzessin ihre romantischen Stunden genießen, bevor der halbe Teich mit Seerosen bedeckt war?

2. Papagei

Die alte Mrs. Meyers war glücklich auf dem Nachhauseweg von der Tierhandlung. Der beflissene Verkäufer, Mr. Gloom, hatte ihr versichert, dass ihr Papagei Korax, den sie gerade erstanden hatte, jedes Wort, das er hört, nachsprechen würde. Nach einer Woche kehrte die alte Dame erbost zur Tierhandlung zurück und beklagte sich, dass Korax mit ihr noch kein Wort gesprochen hatte. Mr. Gloom hätte sie also belogen. Mit dieser Anschuldigung ging Mrs. Meyers aber entschieden zu weit. Mr. Gloom war ein ehrlicher Händler.

Wieso aber sprach Korax nicht mit Mrs. Meyers?

3. Pferd vor Saloon

Ein Pferd namens Jolly Jumper ist vor einem Saloon an ein 6 m langes Seil angebunden. Acht Meter hinter dem Pferd liegt ein Ballen frisches Heu. Ohne das Seil zu zerreißen, gelingt es Jolly Jumper das Heu zu fressen.

Wie schafft unser Wunderpferd dies?

Buntes Allerlei II 139

4. Kamele
„Ali Baba muss mindestens 100 Kamele besitzen," behauptet Hadschi Halef. „Niemals," wirft Ismail ein, „ich bin ganz sicher, dass das viel zu hoch gegriffen ist. Er hat keine 100 Kamele." Moazam meint ganz trocken: „Ich kann nur feststellen, Ali Baba hat mindestens ein Kamel." Wir wissen, dass von den drei Arabern nur einer eine wahre Aussage macht.
Wie viele Kamele besitzt Ali Baba nun wirklich?

5. Der Aufzug
Al Capp, ein etwas behäbiger Mann Mitte fünfzig, arbeitete im 55. Stock des ehemaligen World Trade Centre. Üblicherweise fuhr er bis zum 40. Stock, stieg dann aus und ging den Rest bis zu seinem Büro zu Fuß. An regnerischen Tagen aber, oder wenn er mit der eleganten Sekretärin Marion Jones fuhr, machte er eine Ausnahme und fuhr direkt hinauf bis zu seinem Büro.
Wieso verhielt sich Al Capp so unterschiedlich?

Lösungen
1. Seerosenteich: Bis zum 29. Tag.
2. Papagei: Der Papagei war taub. Mr. Gloom hatte nur versichert, dass er jedes Wort, das er hört, nachsprechen würde.
3. Pferd vor Saloon: Das Seil baumelt lose von Jolly Jumpers Körper, ist also sonst nirgendwo befestigt.
4. Kamele: Überhaupt keines. Hätte er mehr als 100 Kamele, wären die Aussagen 1 und 3 richtig. Besäße er zwischen 1 und 100 Kamelen, würden die Aussagen 2 und 3 zutreffen. Beide Möglichkeiten widersprechen aber der Angabe, dass nur einer der drei Araber die Wahrheit sagt. Besitzt Ali Baba aber überhaupt kein Kamel, ist einzig die zweite Aussage wahr.
5. Der Aufzug: Al Capp ist ein Zwerg. Er konnte ohne sich anzustrengen nur bis zum Knopf für das 40. Stockwerk gelangen. Regnete es aber, trug er einen Schirm bei sich, den er als Hilfe benutzte. Und seine Sekretärin Marion Jones war einen Kopf größer als er, somit in der Lage, den Knopf selbst zu betätigen.

Buntes Allerlei III

Präsentation:	Drei Treffer/Kreatives Rätseln/Offenes Lernen (Partner, Gruppe)/Tempofragen
Schwierigkeit:	leicht – mittel
Schuljahre:	5–10
Fach:	Deutsch, Englisch, Fremdsprachen, fächerübergreifend
Material:	Text

1. Schäfer
Ein Schäfer hütete auf einer einsamen, lang gestreckten Insel seine kleine Herde von Schafen. Er hatte nur Proviant für einen Tag, eine Taschenlampe, ein Messer und eine Schachtel Streichhölzer bei sich. Plötzlich brach an einem Ende der Insel ein Feuer aus. Der Wind trieb das Flammenmeer auf den Schäfer zu.
Wie konnte der Schäfer seine Tiere retten?

2. Die antike Vase
Der bekannte Kunstmakler Frank Mason machte eine unerwartete Erbschaft, eine sehr wertvolle antike Vase mit etruskischen Inschriften und einer prächtigen Löwenkopfgravur. Als Frank das antike Stück zu Hause auspackte, ließ er es mit einem Lächeln zu Boden fallen. Die Vase zerbrach in tausend Stücke, die Frank fein säuberlich in den Abfalleimer warf.
Wieso handelte Frank Mason derart irrational?

3. Der entflohene Strafgefangene
Der entflohene Strafgefangene Samuel Garton marschierte entlang einer entlegenen Straße. Plötzlich nahm er im dunstigen Sommerlicht einen Polizeiwagen wahr, der mit hoher Geschwindigkeit und Blaulicht auf ihn zukam. Dalton lief überraschenderweise ein kurzes Wegstück auf das Auto zu und schlug sich erst dann seitwärts in die Büsche. Die entscheidende Frage lautet:
Warum lief er nicht sofort vom Polizeiauto weg?

4. Monte Carlo
In allen Spielkasinos der Welt gibt es auf die verschiedensten Setzmöglichkeiten Einsatzlimits. Mehr als diese Höchstbeträge dürfen von einem Spieler niemals auf die einzelnen Spielkombinationen gesetzt werden.

Haben die Kasinos diese Höchstgrenzen nur zum Schutz der Spieler eingeführt? Wenn nein, was sonst kann der Grund sein?

5. Handschlag

Sieben Freundinnen, Agnes, Brenda, Christine, Deborah, Eve, Florence und Gertie treffen sich zu einem gemütlichen Kartenabend. Vor dem Spiel schüttelt jede jeder anderen einmal die Hand.
Wie viele Handschläge macht das insgesamt?

Lösungen

1. Schäfer: Er zündete mit einem Streichholz in der Mitte der Insel ein zweites Feuer an. Dieses trieb in die gleiche Richtung wie die erste Feuersbrunst, aber vom Schäfer weg. Sobald der verbrannte Boden abgekühlt war, konnte der Schäfer mit seiner Herde diesen betreten. Der gefährliche Feuersturm fand auf der verbrannten Erde keine Nahrung und musste zwangsläufig erlöschen.

2. Die antike Vase: Mason hatte in seiner Privatsammlung eine Vase, die genauso aussah, wie die ererbte. Er wusste als Kunstmakler, dass der Preis dieser Vase sehr steigen würde, wenn er ein Unikat besäße.

3. Der entflohene Strafgefangene: Er befand sich auf einer Brücke.

4. Monte Carlo: Ohne diese Einsatzlimits würde jedes Kasino über kurz oder lang Bankrott gehen. Denn finanzstarke Spieler müssten immer nur ihre Einsätze verdoppeln, bis die Kugel auf ihr Feld fällt. Dabei würden sie jeweils den einfachen Grundeinsatz gewinnen, sie würden niemals verlieren.

Ein Beispiel: Es werden 100 € auf Rot gesetzt, die Kugel fällt aber auf Schwarz, der Verlust beträgt 100 €. Nun wird der Einsatz verdoppelt, wieder kommt Schwarz, Verlust 200 €. Nun wird auf 400 € verdoppelt, endlich zeigt die Kugel auf Rot, der Gewinn von 400 € wird ausbezahlt. Die beiden Verlusteinsätze müssen abgezogen werden, es bleiben genau 100 € übrig, also der Grundeinsatz.

5. Handschlag: 21. Oft wird 42 als Lösung vorgeschlagen. Aber Sie dürfen nicht vergessen, dass wenn Agnes die Hand von Brenda schüttelt, dies auch umgekehrt gilt. Die Berechnung sieht daher so aus: Agnes muss sechsmal gezählt werden, Brenda fünfmal (der Handschlag mit Agnes darf ja nicht doppelt gezählt werden), Christine viermal, Deborah dreimal, Eve zweimal und Florence schließlich einmal. Gertie hat bereits jeder der Freundinnen die Hand geschüttelt, sie zählt daher nicht mehr extra mit.

Tangram & Co.

Kein Legerätsel hat mehr internationale Reputation als das chinesische 7-Teile-Puzzle Tangram. Bis in die Mitte der 60er-Jahre wurde diesem Spiel eine lange Tradition angedichtet. Heute weiß man, dass das Tangram um 1800 entstanden ist, vermutlich in China, und dass es über den Seehandel seine weltweite Verbreitung fand. Ich möchte Ihnen an dieser Stelle von den Theorien über die Herkunft des Hsuan-thu, der chinesischen Urform des Tangram, berichten: Der heute gebräuchliche Name könnte von einfachen Seeleuten stammen, die alles Chinesische einfach „Tang" nannten, nach dem kantonesischen Wort für China. Eine andere, sehr schillernde Theorie besagt, dass das „Kluge Rätsel aus sieben Teilen" von chinesischen „Leichten Damen" (so genannten „Tan") gespielt wurde, während sie auf ihre Freier warteten. Die Endung „gram" ist wie vielen anderen Begriffen einfach hinzugefügt worden.

Die späte Erkenntnis zur wahren Entstehung der Tans tut dem Reiz der Aufgaben jedoch keinen Abbruch. Ästhetisch und anmutig sind die Tanformen, schlicht und doch unmögliche Effekte erlaubend. Immer die gleichen sieben Teile – zwei große Dreiecke, drei kleine Dreiecke, ein Quadrat und ein Rhomboid – und doch unendlich vielfältig in der Zusammensetzung. Wie so oft in der chinesischen Kunst ist es die einfache Linie, die eine enorme Bedeutungsvielfalt vermittelt.

Mit dem Kapiteltitel „Tangram & Co." deute ich an, dass es neben den klassischen Tangramaufgaben viele andere Legerätsel gibt, die ein ebenso herausforderndes Umdenken verlangen. Einige Leckerbissen will ich Ihnen in diesem Buch vorstellen.

Für Kinder stellen alle Legerätsel eine sehr interessante Herausforderung dar. Der Grund liegt darin, dass manchmal der Zufall helfen kann, das eine oder andere Puzzle zu lösen. Systematisches Probieren, mit Ausschluss verschiedenster Wege, führt aber doch weit öfter zum Ziel. Wer ein gutes Vorstellungsvermögen hat, wird sich bei allen diesen Puzzles sehr leicht tun.

Tangram & Co. 143

Kopiervorlage: Tangram-Vorlage zum Selbermachen

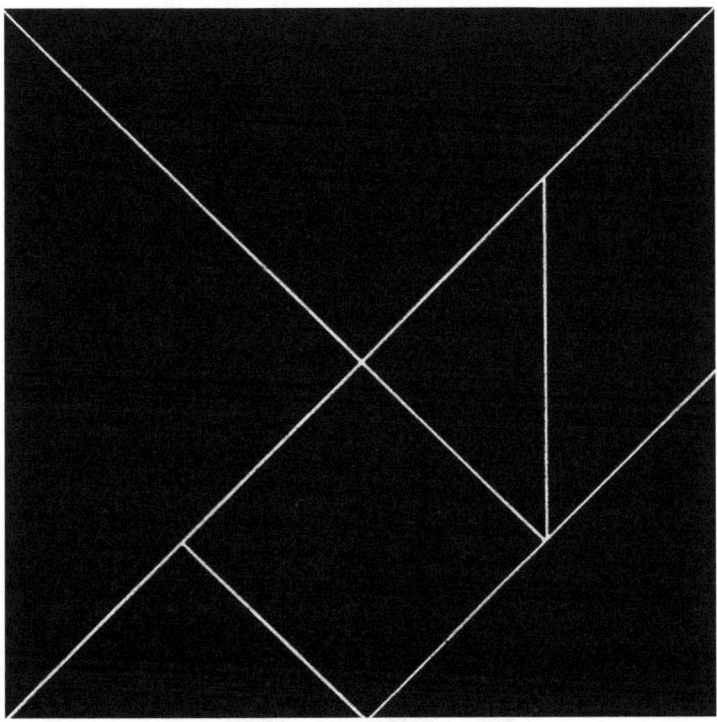

Konvexe Figuren

Präsentation:	Offenes Lernen (Einzeln)/Teampunkte/ Tempofragen
Schwierigkeit:	leicht – mittel
Schuljahre:	5–10
Fach:	Bildende Kunst, Mathematik, Werkerziehung
Material:	Tangram-Formen (ausgeschnitten), Kopiervorlage

Erste Aufgabe des Xi Yu

Schneiden Sie die sieben Tans entsprechend der Kopiervorlage zum Selbermachen sorgfältig aus und setzen Sie diese Teile zu einer der folgenden neun konvexen Figuren zusammen.

Kopiervorlage

Lösungen

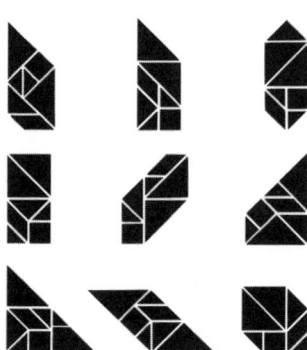

Ornamente

Präsentation:	Offenes Lernen (Einzeln)/Teampunkte/Tempofragen
Schwierigkeit:	leicht – mittel
Schuljahre:	5–10
Fach:	Bildende Kunst, Mathematik, Werkerziehung
Material:	Tangram-Formen (ausgeschnitten), Kopiervorlage

Zweite Aufgabe des Xi Yu

Bilden Sie entsprechend der Vorlage neun quadratische Formen, jeweils unter Zuhilfenahme aller sieben Tans.

Kopiervorlage

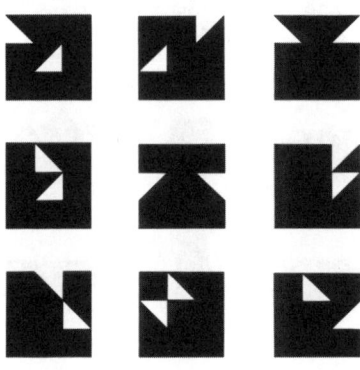

Lösungen

Vasen

Präsentation:	Offenes Lernen (Einzeln)/Teampunkte/ Tempofragen
Schwierigkeit:	leicht – mittel
Schuljahre:	5–10
Fach:	Bildende Kunst, Mathematik, Werkerziehung
Material:	Tangram-Formen (ausgeschnitten), Kopiervorlage

Dritte Aufgabe des Xi Yu
Die folgenden neun Tangramfiguren werden besonders den Blumenfreund erfreuen.

Kopiervorlage

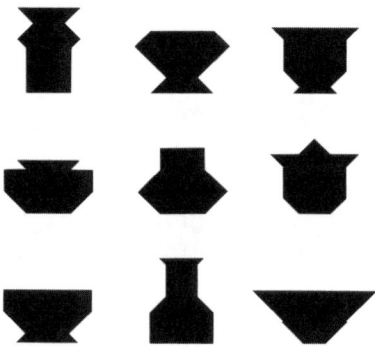

Lösungen

Tan-Alphabet

Präsentation:	Offenes Lernen (Einzeln)/Teampunkte/Tempofragen
Schwierigkeit:	leicht – mittel
Schuljahre:	5–10
Fach:	Bildende Kunst, Mathematik, Werkerziehung
Material:	Tangram-Formen (ausgeschnitten), Kopiervorlage

Vierte Aufgabe des Xi Yu
Bei dieser Aufgabe dürfen Sie versuchen, das ganze Alphabet der westlichen Welt mit Hilfe der sieben Tans zusammenzustellen.

Kopiervorlage

Lösungen

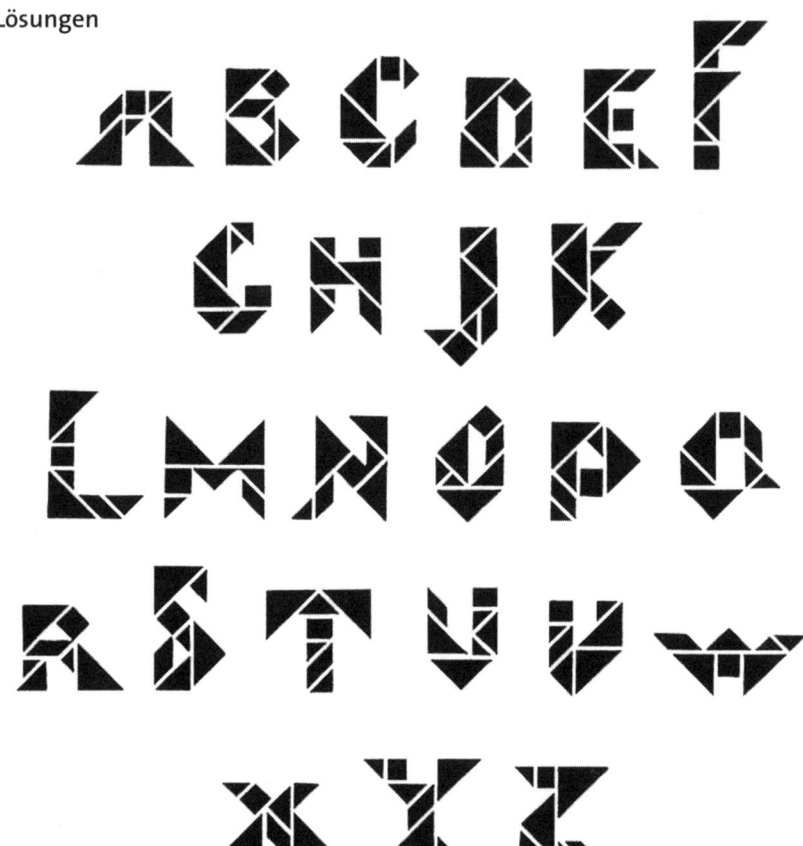

Schachfiguren

Präsentation:	Offenes Lernen (Einzeln)/Teampunkte/Tempofragen
Schwierigkeit:	leicht – mittel
Schuljahre:	5–10
Fach:	Bildende Kunst, Mathematik, Werkerziehung
Material:	Tangram-Formen (ausgeschnitten), Kopiervorlage

Fünfte Aufgabe des Xi Yu

Wunderschön sind die aus Tans gebildeten chinesischen Schachfiguren. In der oberen Reihe: Turm, Dame, König, Bauer. In der unteren Reihe: Läufer, Springer und zwei Varianten des Läufers und des Bauers. Stellen Sie sich einfach Ihr Figurenset zusammen.

Kopiervorlage

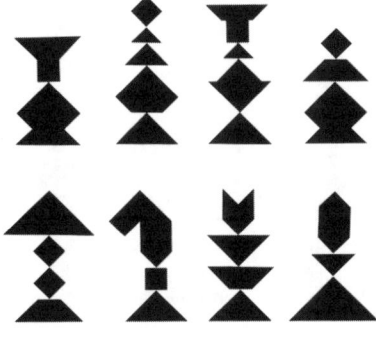

Lösungen

Chinesen in Bewegung

Präsentation:	Offenes Lernen (Einzeln)/Teampunkte/Tempofragen
Schwierigkeit:	leicht – mittel
Schuljahre:	5–10
Fach:	Bildende Kunst, Mathematik, Werkerziehung
Material:	Tangram-Formen (ausgeschnitten), Kopiervorlage

Sechste Aufgabe des Xi Yu

Wirklich erstaunlich, dass alle neun abgebildeten Tanfiguren ein wahrhaft chinesisches Aussehen haben. Legen Sie die Tans entsprechend der Vorlage und erfreuen Sie sich an den schönen Bewegungsstudien!

Kopiervorlage

Lösungen

Das Teufels-T

Präsentation:	Gehirnjogging/Offenes Lernen (Einzel)/Teampunkte/Tempofragen
Schwierigkeit:	mittel
Schuljahre:	5–13
Fach:	Bildende Kunst, Mathematik (Geometrie), Werkerziehung
Material:	Kopiervorlage Teufels-T (ausgeschnitten)

Die hier abgebildeten vier Holzstückchen bereiten den Rätselfreunden meist sehr große Probleme. Ein Stück hat eine ganz eigenartige Form, einen nach innen gekehrten rechten Winkel.

Die Teufels-T-Aufgabe lautet:
Bilden Sie mit den vier Teilen den Buchstaben **T**.

Kopiervorlage

Lösung

Siehe Lösung zur nächsten Aufgabe, „Vier rätselhafte Hölzchen". Teuflisch schwer, nicht wahr!

Vier rätselhafte Hölzchen

Präsentation:	Gehirnjogging/Offenes Lernen (Einzeln)/Teampunkte/Tempofragen
Schwierigkeit:	mittel
Schuljahre:	5–13
Fach:	Bildende Kunst, Mathematik (Geometrie), Werkerziehung
Material:	Teufels-T (ausgeschnitten), Kopiervorlage

Auf einem vergilbten Papier wurden weitere Teufels-T-Aufgaben gefunden. Die Lösungen sind wirklich nicht immer einfach zu finden. Jetzt wird wohl eine weitere Stunde Kopfzerbrechen nötig sein.

Kopiervorlage

Triomino-Suche

Lösungen

Triomino-Suche

Präsentation:	Offenes Lernen (Einzeln, Partner, Gruppe)/Tempofragen
Schwierigkeit:	leicht
Schuljahre:	5–10
Fach:	Mathematik, Werkerziehung, fächerübergreifend
Material:	Triominos (gebastelt), Kopiervorlage

Aus Triominos, dem Um-die-Ecke-Typus, lassen sich *genau vierzehn* unterschiedlich geformte Paare bilden. Spiegelungen und Drehungen werden wie bei allen anderen Legeaufgaben nicht mitgezählt.

Aufgabe
In der Kopiervorlage sind 13 Lösungen vorgegeben. Wer findet am schnellsten das 14. Paar?

Tipp
Lassen Sie zunächst im Werkunterricht einige Sets von Triominos basteln und stellen Sie erst dann diese Aufgabe.

Kopiervorlage: 13 von 14 Triomino-Paaren

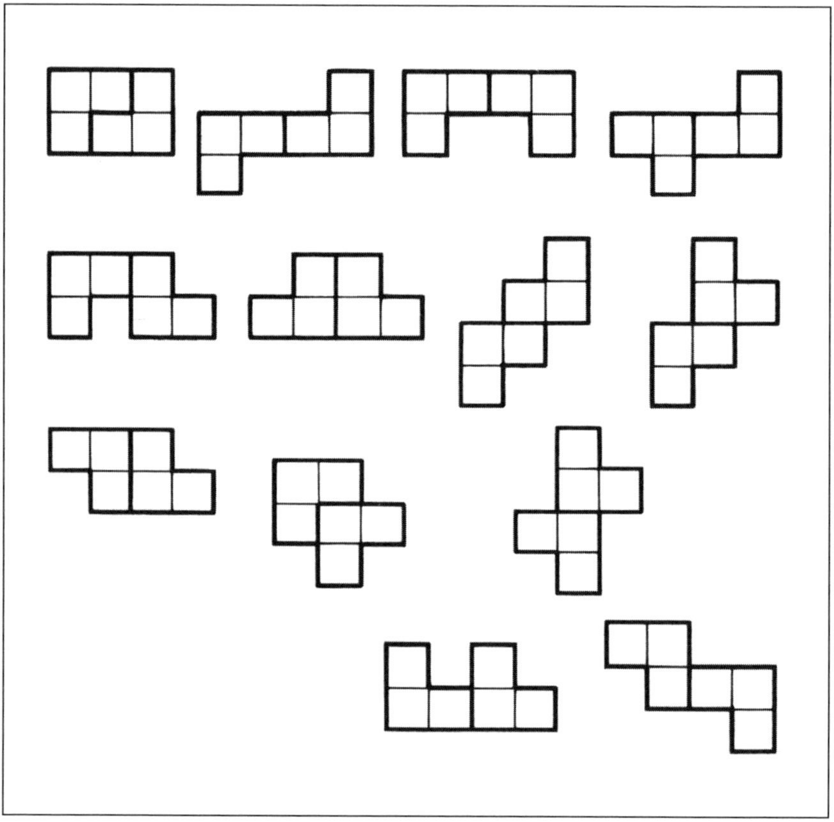

Lösung

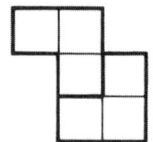

Pentominos

Präsentation:	Offenes Lernen (Einzeln)/Spiele-System/Teampunkte/Tempofragen
Schwierigkeit:	leicht – mittel
Schuljahre:	5–13
Fach:	Mathematik (Geometrie), Werkerziehung
Material:	Pentominos (gebastelt), Kopiervorlage, 8 x 8- und 11 x 11-Raster

Einige überaus interessante Puzzles wurden 1960 vom Amerikaner Solomon W. Golomb erdacht. Mit nur zwölf Spielsteinen, die jeweils aus fünf zusammen hängenden Quadraten bestehen, werden auf einem 8 x 8-Raster (ähnlich einem Schachbrett) trickreiche Puzzleaufgaben gelegt. Der Name für diese Fünfteiler, „Pentominos", stammt von Golomb selbst. Es gibt insgesamt nur die zwölf in der Abbildung gezeigten Formen. Golomb hat sie nach Buchstaben aus dem Alphabet benannt.

Zwei kleine Hinweise

Die Pentominos dürfen in jeder Orientierung, auch seitenverkehrt, gelegt werden. Um die folgenden interessanten Aufgaben stilgerecht zu erleben, sollten Sie mit Ihren Schülerinnen und Schülern zunächst mehrere Sätze von Pentominos sowie zwei Raster der Größenordnung 8 x 8 und 11 x 11 herstellen.

Kopiervorlage Pentominos

Obere Reihe: F I L P

Mittlere Reihe: N T U V

Untere Reihe: W X Y Z

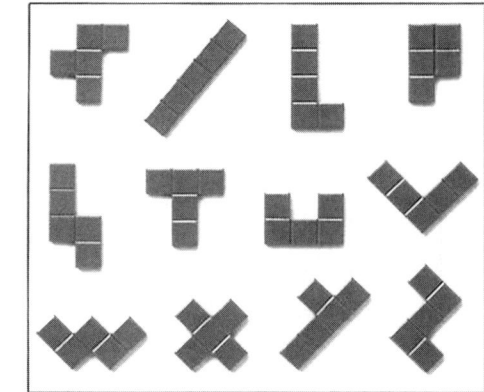

Folgende drei Aufgaben sind besonders reizvoll:

Aufgabe 1: Schachbrett-Maximum

Legen Sie alle 12 Pentomino-Teile so auf ein 8 x 8-Feld, so dass nur vier Löcher frei bleiben.

Um die Herausforderung noch größer zu machen, darf die Zusatzforderung gestellt werden, dass die vier Löcher symmetrisch angeordnet sind, also etwa die vier zentralen Felder oder die vier Eckpunkte und dergleichen (siehe Abbildungen 1 bis 4).

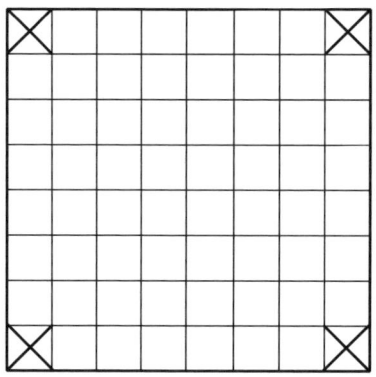

Abbildung 1

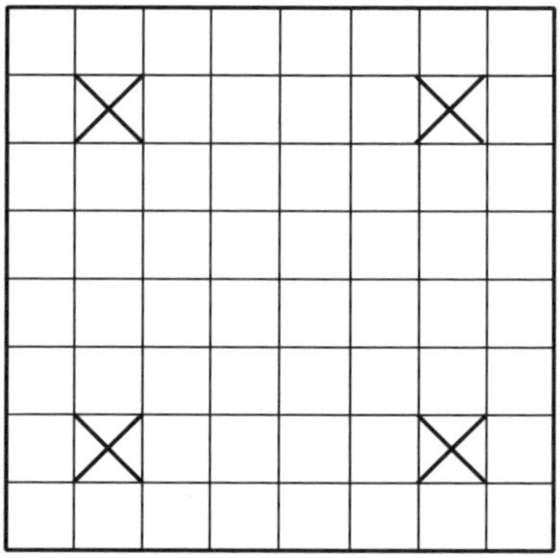

Abbildung 2

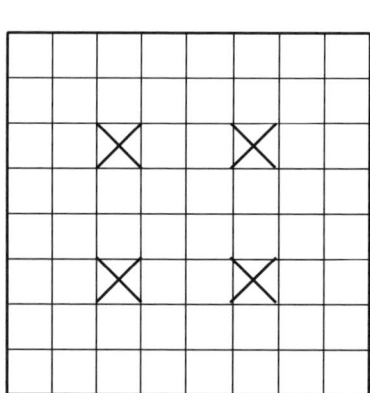

Abbildung 3

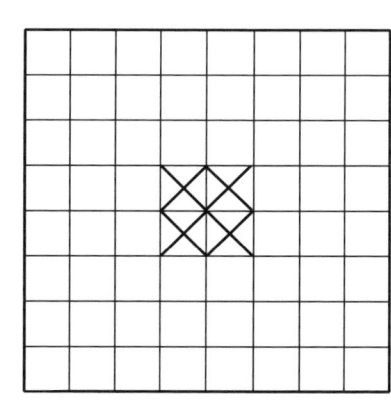

Abbildung 4

Pentominos 157

Aufgabe 2: Schachbrett-Minimum
Diesmal soll die Minimalzahl von Pentomino-Teilen herausgefunden werden, die notwendig sind, um das Legen jedes weiteren Teils unmöglich zu machen.

Die Schülerinnen und Schüler werden unterschiedlichste Lösungswege finden. Wenn Sie die Aufgabe vereinfachen und noch lösbarer machen wollen, geben Sie bekannt, wie viele und welche Pentomino-Teile verwendet werden müssen, nämlich I, L, U, V, Y.

Aufgabe 3: Schachbrett-Eck
Eine besonders trickreiche Aufgabe ist es, acht Teile so auf dem 8 x 8-Raster zu platzieren, dass sie sich nur an den Ecken berühren.

Falls dieses Problem für Ihre Kinder zu schwierig scheint, sollten Sie dazusagen, dass folgende Teile verwendet werden: F, L, P, U, W, X, Y, Z.

Lösungen
Schachbrett-Maximum

 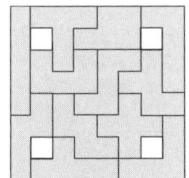  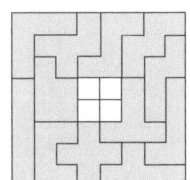

Dies sind nur einige von mehreren möglichen Lösungen. Bei der Aufgabe zu Abbildung 4 etwa wurde mit Computern der Princeton University ermittelt, dass 65 grundsätzlich verschiedene Lösungen, d. h. Lösungen ohne Spiegelungen und Drehungen, möglich sind.

Schachbrett-Minimum   *Schachbrett-Eck*

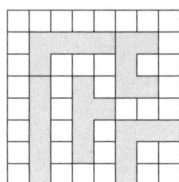   

Pento-Duell

Präsentation:	Offenes Lernen (Partner)/ Spiele-System
Schwierigkeit:	mittel
Schuljahre:	5–10
Fach:	Mathematik (Geometrie), Werkerziehung, fächerübergreifend
Material:	Pentominos (gebastelt), 8 x 8-Raster

Pentominos eignen sich ganz hervorragend für wunderbare Spiele zwischen zwei Partnern:

Spiel 1
Abwechselnd darf je ein Pentomino auf den 8 x 8-Raster gelegt werden. Ist dies einem Spieler nicht mehr möglich, hat er verloren.

Beispiel für ein vollständiges Spiel:

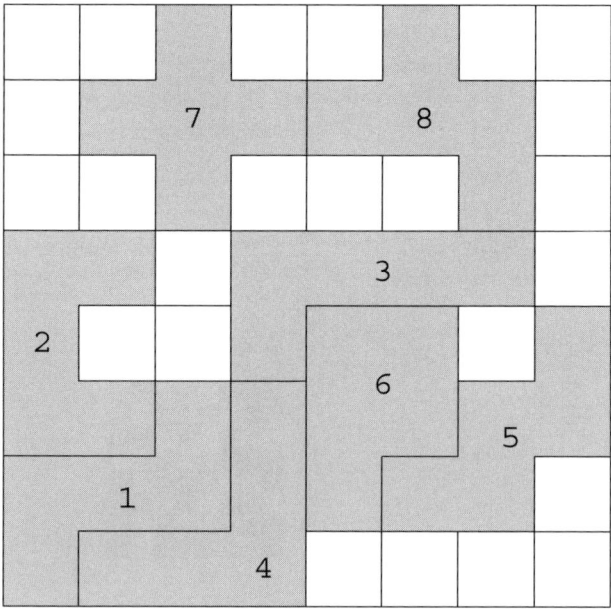

Pento-Duell

David Parlett schlägt in seinem Buch „Board Games" folgende Zählweise vor: Der Sieger schreibt für jeden gelegten Pentomino einen Punkt. Daher ist es ratsam aufzugeben, sobald ein Spieler erkennt, dass er verlieren wird. Mit jedem weiteren Spielstein erhöht er ja seinen Verlust. Allerdings gibt es hier eine kleine Einschränkung: Glaubt der Gegner, dass die Aufgabe zu früh erfolgt ist, darf er stattdessen einen Pentomino platzieren und das Spiel geht von da an abwechselnd weiter. Der Sieger einer Partie schreibt nun die doppelten Punkte. Wird während einer Partie zweimal aufgegeben und jeweils vom gegnerischen Spieler fortgesetzt, vervierfachen sich die Siegpunkte sogar. Ziel des Spiels ist es, 25 Punkte zu erreichen.

Ein weiteres Pentomino-Duell, „Pankai" genannt, wurde vom Spiele-Altmeister Alex Randolph entwickelt:

Spiel 2: Pankai

Jeder der beiden Spieler hat einen vollständigen Satz Pentominos, die offen neben dem Spielfeld, einem 11 x 11-Raster, liegen. Das mittlere Feld wird gesperrt. Ziel ist es, den letzten Stein auszulegen.

Besonders reizvoll ist es, Steine so zu platzieren, dass weitere eigene Steine Platz haben, der Gegner aber gesperrt wird. Pankai ist ein reines Strategiespiel, da alle Züge berechnet werden können.

Bemerkung

Wer bei diesem Thema Feuer gefangen hat, sollte sich das vielfach ausgezeichnete Brettspiel *Blokus* besorgen. Mit 21 Polyominos versuchen hier die bis zu vier Spieler auf einem 20 x 20-Raster Platz für ihre Steine zu finden.

Taschenspieler und Spielkarten

Ungemein einprägsam sind alle Denksportaufgaben, die mit Spielkarten simuliert werden können. Wie schon in der „Fundgrube für Spiele" ist daher auch für manches Rätsel die Spielkarte als Mittel zum Zweck sehr zu empfehlen. Immerhin hat bereits ein so berühmter Mathematiker wie Leonhard Euler mit einem interessanten Kartenproblem, dem „Eulerschen Quadrat" (siehe unten), seine Zeitgenossen herausgefordert.

Bei allen hier beschriebenen Denkspielen dürfen die Schülerinnen und Schüler selbst experimentieren. Neben dem reinen Nachdenken wird hierbei die Visualisierung trainiert, die eine Aufgabe letztlich sehr ästhetisch werden lässt. Gerade deshalb sollten Sie Ihre etwaigen Vorurteile zum Medium Spielkarte ruhigen Gewissens beiseite schieben. Logisches Denken ist aber auch bei den „Taschenspielertricks" der beste Weg zum Erfolg. Nehmen Sie einfach ein Päckchen Spielkarten in Ihre nächste Stunde mit.

Eulersche Quadrate

Präsentation:	Offenes Lernen (Einzeln, Partner, Gruppe)/Teampunkte/Tempofragen
Schwierigkeit:	mittel
Schuljahre:	10–13
Fach:	Mathematik, fächerübergreifend
Material:	Spielkarten

Ein berühmtes Problem mit Spielkarten ist das so genannte Eulersche Quadrat: Die Spielkarten Asse, Könige, Damen und Buben der vier Farben Karo, Pik, Herz und Kreuz sind in einem 4 x 4-Raster so anzuordnen, dass pro Reihe und Spalte je eine der Figuren sowie eine der Farben erscheint. Außerdem darf auch in den beiden langen Diagonalen keine doppelte Karte oder Farbe vorkommen.

Aufgabe
Finden Sie die Lösung des Eulerschen Quadrats in zehn Minuten?

Lösung
Eine von mehreren möglichen Lösungen sehen Sie in der Abbildung rechts.

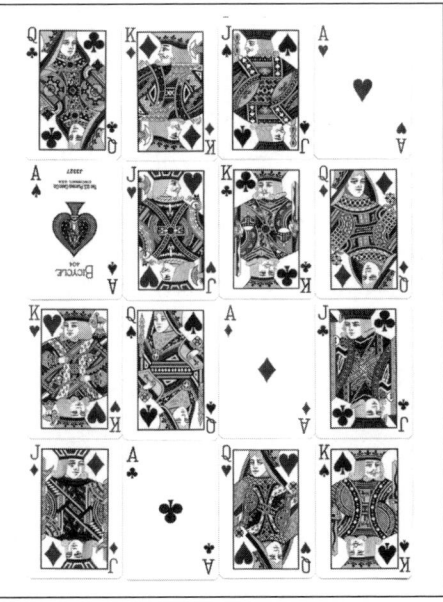

Bemerkung
Der berühmte Mathematiker Leonhard Euler (1707–1783) hat sich als erster mit solchen Anordnungen befasst. Daher wurde diesen Quadraten auch sein Name geliehen. Selbstverständlich hat sich Euler auch mit Fünfer- und Sechser-Quadraten sowie solchen noch höherer Gruppen beschäftigt. Aber als Denkansatz ist obige Aufgabe schwierig genug.

Kartenhaie

Präsentation:	Gehirnjogging/Offenes Lernen (Partner, Gruppe)
Schwierigkeit:	mittel – schwer
Schuljahre:	10–13
Fach:	Mathematik, fächerübergreifend
Material:	Papier und Bleistift

Vier Kartenfreunde vereinbaren eine ungewöhnliche Zahlweise für ihre Freitagabend-Kartenrunde: Jeder, der ein Spiel verliert, muss den drei anderen die Summe auszahlen, die diese gerade vor sich auf dem Spieltisch liegen haben. Das bedeutet, dass durch jedes Spiel das Tischgeld der drei Gewinner verdoppelt wird. Der Spielverlauf an diesem Freitag, den 13., ist sehr ausgeglichen. Nach vier Runden hat jeder Kartenfreund einmal verloren. Außerdem liegen vor jedem Spieler exakt 160 €.

Aufgabe
Wie viel Tischgeld hatten die vier Freunde am Beginn des Spielabends?

Lösung
Die vier Kartenfreunde haben den Abend mit 330 €, 170 €, 90 € und 50 € begonnen. Die Lösung wird am leichtesten dadurch gefunden, dass von der vierten Runde zurück die Geldtransfers rekonstruiert werden: Alle haben momentan 160 €, d. h. drei Spieler hatten eine Runde zuvor 80 €. Das gesamte Tischgeld muss immer gleich sein, nämlich 4-mal 160 €, also insgesamt 640 €. Zu Beginn von Runde 4 hatte der Verlierer daher 640 € minus 3-mal 80 €, also 400 € vor sich aufgehäuft. Alle weiteren Runden können mit der gleichen Überlegung rekonstruiert werden.

Die folgende Tabelle soll Ihnen die Übersicht erleichtern.

Verlierer	nach Spiel 4	nach Spiel 3	nach Spiel 2	nach Spiel 1	vor Spiel 1
Spiel 1	160	80	40	20	330
Spiel 2	160	80	40	340	170
Spiel 3	160	80	360	180	90
Spiel 4	160	400	200	100	50

Silverman-Puzzle

Präsentation:	Offenes Lernen (Einzeln, Partner, Gruppe)/Teampunkte/Tempofragen
Schwierigkeit:	mittel – schwer
Schuljahre:	10–13
Fach:	Fächerübergreifend
Material:	Spielkarten

Nicht nur für Kartenfreunde interessant ist das so genannte „Silverman-Puzzle". Zunächst werden alle 13 Pikkarten mit dem Bild nach oben in einer aufsteigenden Reihe ausgelegt, das Ass ganz links, der König rechts.

Aufgabe
Die Aufgabe besteht darin, die 13 Herzblätter so unter je eine der Pikkarten zu platzieren, dass die Summe der beiden Karten jeweils eine Quadratzahl ergibt, also 4, 9 oder 16.

Hinweis
Bube zählt 11, Dame 12 und König 13 Augenpunkte.

Lösung

Pik-Herz	A-8	2-2	3-K	4-D	5-B	6-10	7-9	8-1	9-7	10-6	B-5	D-4	K-3
Summe	9	4	16	16	16	16	16	9	16	16	16	16	16

9, 10 und Bube müssen mit 7, 6 und 5 gepaart werden, damit sind bereits sechs Paarungen erledigt. Da die 6 und die 5 schon verwendet wurden, bleiben für die 3 und die 4 nur der König und die Dame. Die übrigen drei Plätze erlauben nur jeweils eine fixe Paarung.

Bemerkung
Die von David Silverman angeführte Lösung ist die einzig mögliche.

Vier mal die Fünf

Präsentation:	Tempofragen/Teampunkte
Schwierigkeit:	leicht – mittel
Schuljahre:	5–8
Fach:	Fächerübergreifend
Material:	Spielkarten

Zunächst suchen Sie aus einem Kartenpäckchen die vier Fünfer (Herz, Pik, Karo, Kreuz) heraus. Nun haben Sie folgende Aufgabe:

Aufgabe
Legen Sie die vier Fünfer-Karten so auf den Tisch, dass bei jeder Karte nur vier der fünf Augen sichtbar sind.

Lösung

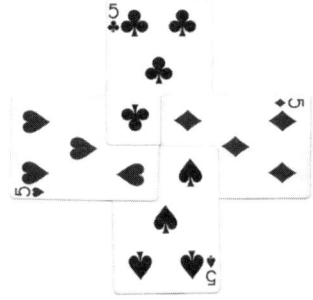

Wer bin ich?

Präsentation:	Offenes Lernen (Einzeln, Partner, Gruppe)/Teampunkte
Schwierigkeit:	mittel
Schuljahre:	6–10
Fach:	Fächerübergreifend
Material:	Spielkarten

Als Einstimmung auf den Skatabend legte Max Rücker seinen Kartenfreunden die abgebildete Kartenreihe vor, um ihr kombinatorisches Denken zu testen:

Wer bin ich? 165

Abbildung

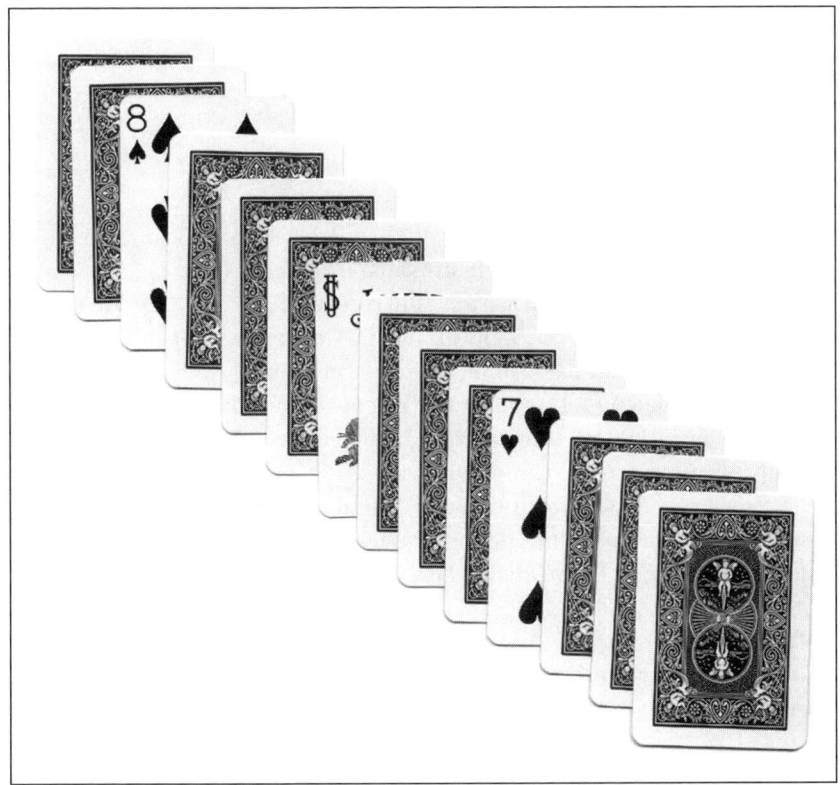

Aufgabe

„Hier sind 14 Karten, zwei offene, ein Joker und elf verdeckte Karten. Die Karten sind so angeordnet, dass jeweils drei benachbarte Blätter den Wert 18 ergeben. Welchen Wert muss der Jokerplatz haben?"

Lösung

Die gesuchte Karte hat den Wert 3.

Da drei benachbarte Karten immer den Wert 18 ergeben, haben die beiden Karten links von der 7 den Wert 11. Damit kann aber die Karte rechts des Jokers auch nur eine 7 sein. Für die 2 Karten rechts der 8 ist der Wert 10. Daher ist der zweite Nachbar des Jokers eine 8. Für den Joker als Nachbar einer 8 und einer 7 bleibt nur die 3 als Lösungskarte.

Rot und Schwarz

Präsentation:	Teampunkte/Tempofragen/Top Tipp
Schwierigkeit:	mittel – schwer/Lehrerhilfe
Schuljahre:	10–13
Fach:	Fächerübergreifend
Material:	Spielkarten

Bei einem seiner traditionellen Kartenabende wird Max Rücker von einem Gast mit folgenden Worten zu einem Wettspiel aufgefordert:

„Hier habe ich genau zehn Karten, fünf rote und fünf schwarze. Ich mische diese Karten intensiv durch. Stelle dir nun im Gedankenexperiment vor, dass du 100 € Startkapital hast. Immer dann, wenn eine schwarze Karte vom verdeckten Zehnerstapel aufgedeckt wird, bekommst du die Hälfte der Ausgangssumme zu deinem Startkapital dazu. In unserem Fall wären dies 50 €. Ist dagegen die aufgeschlagene Karte rot, wird das Startkapital halbiert, du fällst also bei der ersten Karte auf 50 €. Alle zehn Karten werden einzeln aufgeschlagen und jeweils unmittelbar danach wird abgerechnet. Können wir anfangen?" Nun zur Frage an den Leser:

Aufgabe
Sollte sich Max Rücker auf dieses Wettspiel einlassen? Wenn ja, warum? Wenn nein, warum nicht?

Lösung
Entschieden nein.

Egal in welcher Reihenfolge die Karten aufgedeckt werden, Max Rücker wird nach der zehnten Karte nur mehr knapp 24 € Kapital haben. Dies mag für viele Leser überraschend sein. Sie können die Berechnung mit folgender Formel nachvollziehen: $a \cdot [a(3/4)^n]$. a ist das Startkapital, n die Zahl der roten (oder schwarzen) Karten. Wenn a 100 ist und n genau 5, wie in unserem Beispiel, so verliert Max Rücker genau 76 € und 27 Cent.

Bemerkung
Hätte Max Rücker übrigens mit einem vollen 52-Karten-Päckchen gespielt, wäre er 99,9 € los gewesen. Immerhin, 10 Cent wären ihm als Lohn für diese neuartige Erfahrung geblieben. In der Klasse können Sie die Kinder sehr gut mit zehn Spielkarten experimentieren lassen.

Kümmelblättchen

Präsentation:	Teampunkte/Tempofragen
Schwierigkeit:	mittel
Schuljahre:	6–10
Fach:	Fächerübergreifend
Material:	Spielkarten

Der bekannte Taschenspielertrick „Kümmelblättchen" mit drei Karten fehlt auch heute noch in kaum einem Repertoire eines Zauberers. Fingerfertigkeit und Unverfrorenheit sind die Voraussetzungen, dem Zuschauer das Geld aus der Tasche zu locken.

Nun, hier geht es um etwas ganz anderes, wenn auch drei verdeckte Karten (siehe Abbildung) – ganz im Stil des bekannten Kümmelblättchens – ausgelegt werden. Statt Ihren Augen dürfen Sie diesmal Ihrem Verstand vertrauen.

Aufgabe

Können Sie mit Hilfe der folgenden vier Hinweise herausfinden, wie die Lage der drei verdeckten Karten aussieht?

1. Eine der Damen liegt rechts von einem König.
2. Eine der Damen liegt links von einer Dame.
3. Ein oder zwei Pik liegen links von einem Herz.
4. Rechts von einem Pik liegen ein oder zwei Pik.

Lösung

(Von links nach rechts): Pik-König, Pik-Dame, Herz-Dame.

Rechts außen kann nach (1) kein König liegen. Würde ein König in der Mitte liegen, kann nach (2) keine Dame neben einer Dame sein. Der König liegt also ganz links. Links außen ist nach (3) kein Herz möglich. Würde das Herz in der Mitte liegen, können nach (4) keine zwei Pik nebeneinander liegen. Daher muss das Herz rechts außen liegen, links davon die zwei Pik.

Top Secret

Verschlüsselte Botschaften haben nicht nur in der Militärgeschichte eine enorme Rolle gespielt, sondern sind auch im Alltag stets gegenwärtig. Sie brauchen nur an die Sicherungssysteme für Mailübertragungen oder an die Codes für Bankomatkarten zu denken. Überraschenderweise sind Verschlüsselungen nicht nur eine Spielwiese für mathematisch Interessierte, sondern sie finden sich auch in der gehobenen Literatur. Berühmt wurde etwa Edgar Allan Poes Geschichte „The Gold Bug", in der ein codiertes Pergament den pfiffigen William Legrand zu einem riesigen Schatz führt. Auch Jules Verne oder Arthur Conan Doyle lassen ihre Helden Geheimschriften entschlüsseln.

Wer gerne tüftelt und mit Zahlen, Buchstaben und anderen Symbolen jongliert, wird in diesem Kapitel voll auf seine Kosten kommen. Der Schwierigkeitsgrad der Aufgaben ist sehr unterschiedlich. Dennoch hilft Erfahrung gerade bei diesen Gedankenexperimenten ungemein weiter.

Wagen Sie sich mit voller Konzentration und wachem kreativem Geist zusammen mit Ihren Schülerinnen und Schüler an die abwechslungsreichen „Top-Secret-Aufgaben" heran.

1000 = G sind ein K

Präsentation:	Offenes Lernen (Einzeln, Partner)/ Teampunkte/Tempofragen
Schwierigkeit:	leicht – mittel
Schuljahre:	8–10
Fach:	Deutsch, fächerübergreifend
Material:	Kopiervorlage, Stoppuhr

„1000 Gramm sind ein Kilo." Diese banale Information versteckt sich hinter dem Titel „ 1000 = G sind ein K" dieses Rätsels. Weder besondere Intelligenz noch mathematische oder logische Fähigkeiten sind nötig, um die folgenden zwanzig Aufgaben zu lösen. Allerdings sind mentale Stärke, Konzentration und Kreativität gefragt.

Unser Codeknacker Harry Sly wurde bei seinem Einstellungstest mit den folgenden zwanzig Gleichungen konfrontiert. Wie aus seinem Testergebnis zu entnehmen ist, konnte er auf Anhieb alle bis auf drei innerhalb von 10 Minuten lösen. Versuchen Sie, seinen Spuren zu folgen.

Aufgabe
Was verbirgt sich hinter den folgenden zwanzig rätselhaften Gleichungen (siehe Kopiervorlage)?

Hinweis
Im ersten Versuch werden von den Schülerinnen und Schülern meist etwas mehr als die Hälfte der Beispiele gelöst. Bevor Sie Ihrer Klasse die Lösungen bekannt geben, sollten Sie nach einer kleinen Pause weitere zehn Minuten für einen zweiten Durchgang veranschlagen. Die richtigen Ergebnisse steigen dadurch sprunghaft an.

Es ist auch denkbar, die Klasse in Gruppen aufzuteilen und die Ergebnisse des ersten Durchgangs auszutauschen. In diesem Fall liegt das Ziel darin, die Lösungen zu möglichst vielen der zwanzig Aufgaben gemeinsam zu finden.

Kopiervorlage

1. 26 = B im A
2. 7 = WW
3. 12 = SZ
4. 9 = P im SS
5. 50 = S in der US-F
6. 0 = G C i d T b d W g
7. 18 = L auf dem GP
8. 90 = G im RW
9. 4 = Q in einem KJ
10. 24 = S hat der T
11. 2 = R hat ein F
12. 11 = S in einer FBM
13. 29 = T h d F i e SJ
14. 32 = K in einem SB
15. 64 = F auf einem SB
16. 5 = F an einer H
17. 16 = BL hat D
18. 60 = S s e M
19. 3 = W aus dem ML
20. Alle = W f n R

Lösungen
1. 26 Buchstaben im Alphabet
2. 7 Weltwunder
3. 12 Sternzeichen
4. 9 Planeten im Sonnensystem
5. 50 Sterne in der US-Flagge
6. 0 Grad Celsius ist die Temperatur, bei der Wasser gefriert.
7. 18 Löcher auf dem Golfplatz
8. 90 Grad im rechten Winkel
9. 4 Quartale im Kalenderjahr
10. 24 Stunden hat der Tag.
11. 2 Räder hat ein Fahrrad.
12. 11 Spieler in einer Fußballmannschaft
13. 29 Tage hat der Februar in einem Schaltjahr.
14. 32 Karten in einem Skatblatt
15. 64 Felder auf einem Schachbrett
16. 5 Finger an einer Hand
17. 16 Bundesländer hat Deutschland.
18. 60 Sekunden sind eine Minute.
19. 3 Weisen aus dem Morgenland
20. Alle Wege führen nach Rom.

Kurvenzauber

Präsentation:	Offenes Lernen (Einzeln, Partner)/ Teampunkte/Tempofragen
Schwierigkeit:	mittel
Schuljahre:	8–10
Fach:	Geographie, Mathematik
Material:	Kopiervorlage

Harry Sly hat einen sehr guten Blick für Linienmuster. Ein Bekannter legt ihm mit folgenden Worten ein Muster vor, das auf allen vier Seiten abgedeckt ist:

Aufgabe
„A liegt innerhalb einer geschlossenen Kurve. Kannst du mir sagen, ob auch B innerhalb dieser Kurve liegt oder zwangsläufig außerhalb sein muss?"

Kopiervorlage

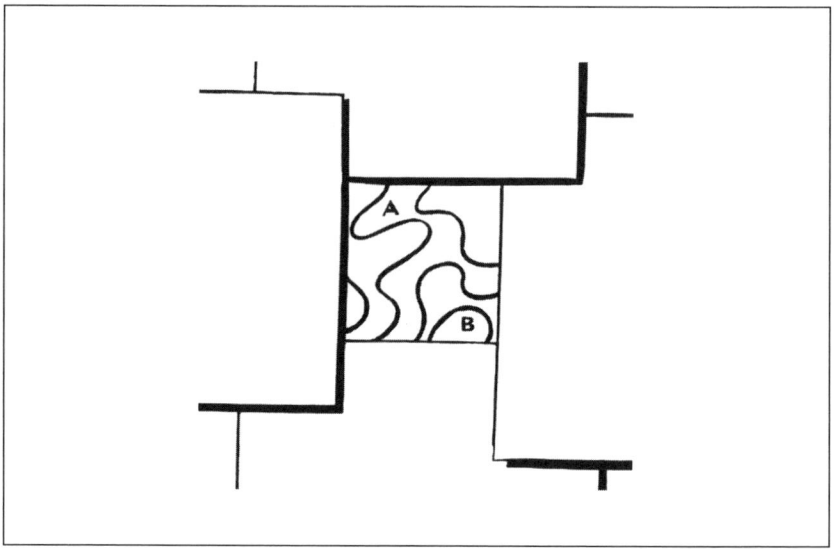

Lösung

B liegt innerhalb der Kurve.

Die Begründung ist folgendermaßen: Alle Innenregionen der Abbildung sind voneinander durch eine gerade Anzahl von Linien getrennt. Dasselbe gilt für alle Außenregionen. Dagegen liegt zwischen Innen- und Außenregion immer eine ungerade Zahl von Linien. Null wird als gerade gewertet. Das heißt, wenn keine einzige Linie zwei Regionen trennt, liegen diese zwangsläufig auf derselben Seite.

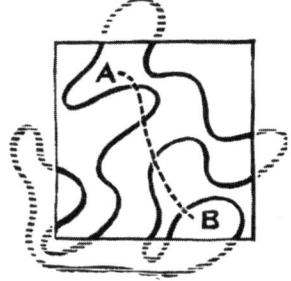

Wenn nun in unserem Beispiel von irgendeinem Teil der A-Region eine Verbindung zur B-Region gezogen wird, so werden entweder zwei oder vier Linien gekreuzt (wie in der nebenstehenden Abbildung.) Daher muss B innerhalb der Kurve liegen, egal wie diese auch aussehen mag. (Mit gestrichelten Linien ist in der Abbildung ein möglicher Verlauf skizziert.)

Die verschlüsselte Botschaft

Präsentation:	Gehirnjogging/Teampunkte/Tempofragen
Schwierigkeit:	mittel
Schuljahre:	5–8
Fach:	Fächerübergreifend
Material:	Kopiervorlage

Aufgabe
In seinem Urlaubsort findet Harry Sly auf einem 7 x 7–Felder-Raster eine verschlüsselte Nachricht seines Arbeitgebers. Wie lautet die Botschaft?

Bemerkung
Wenn Sie Ihre Schülerinnen und Schüler vor eine größere Herausforderung stellen wollen, geben Sie Ihnen eine auf quadratischem Papier gemachte Kopie, ohne die Seitenausrichtung mitzuteilen. Dadurch bleibt offen, von welcher Seite die Botschaft gelesen werden muss. Für manche Denksportfreunde wird diese Aufgabe auf diese Weise noch reizvoller.

Kopiervorlage

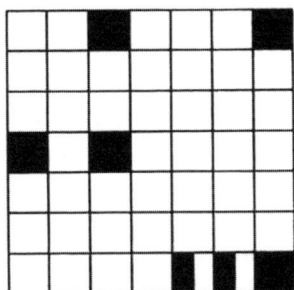

Lösung
Hallo.

Von oben betrachtet kann man die Botschaft nicht lesen. Wer die Zeichnung unter einem ganz flachen Winkel zum Auge führt und dabei auch noch ein Auge zumacht, wird dagegen die Grußbotschaft deutlich erkennen.

Buchstabencode

Präsentation:	Offenes Lernen (Einzeln, Partner)/ Teampunkte/Tempofragen
Schwierigkeit:	leicht
Schuljahre:	5–8
Fach:	Fächerübergreifend
Material:	Papier und Bleistift

„Harry, du bist ein wahres Genie mit Zahlenreihen." Sein bester Freund zeigt echte Bewunderung für Harry Sly. „Wie aber sieht's mit Buchstabencodes aus?" Und schon präsentiert er folgende Buchstabenreihe:

A E F H I K L M ...

Aufgabe
„Kannst du mir sagen, was hier als Nächstes folgen muss?"

Lösung
N. Dieser Buchstabe ist der nächste in der Reihe, der nur aus Strichen gebildet wird.

Schnörkel

Präsentation:	Offenes Lernen (Einzeln, Partner)/ Teampunkte/Tempofragen
Schwierigkeit:	leicht – mittel
Schuljahre:	5–8
Fach:	Fächerübergreifend
Material:	Papier und Bleistift, Kopiervorlage

Auf einem alten Dachboden findet Harry Sly ein Stück Papier mit den unten abgebildeten Schnörkeln. Der letzte, achte Schnörkel in der oberen Reihe fehlt. Aber Harry entnimmt dem Papier den Hinweis, dass einer der unter A bis F abgebildeten Schnörkel genau passt.

Römische Eins

Aufgabe
Um welchen der abgebildeten Schnörkel handelt es sich?

Kopiervorlage

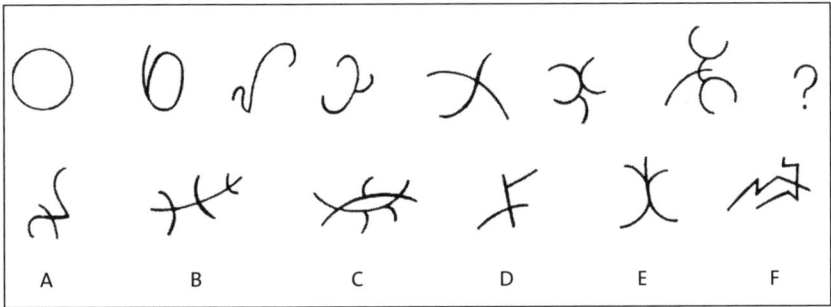

Hinweis
Die Schnörkel enthalten eine Gesetzmäßigkeit!

Lösung
C. Die Idee ist ganz einfach. Jeder der Schnörkel in der oberen Reihe hat eine aufsteigende Zahl von Enden, von 0 bis 6. Schnörkel C der unteren Reihe passt daher mit seinen sieben Enden exakt in diese Top-Secret-Reihe.

Römische Eins

Präsentation:	Offenes Lernen (Einzeln, Partner)/ Teampunkte/Tempofragen
Schwierigkeit:	leicht – mittel
Schuljahre:	5–10
Fach:	Fächerübergreifend
Material:	Papier und Bleistift

Harry Sly hat eine große Schwäche für Zahlen, daher faszinierte ihn auch das lose Blatt mit der dort angeführten Zahlenreihe.

Kopiervorlage

```
I 8 II 69 88 96 IOI ...
```

Aufgabe
Was sind die Gemeinsamkeiten der obigen Zahlen und wie lauten die nächsten drei Zahlen in der Reihe?

Hinweis
Machen Sie Ihre Schülerinnen und Schüler auf die Schreibweise 1= I aufmerksam!

Lösung
III (oder 111). Alle Zahlen können auch auf den Kopf gestellt gelesen werden, ohne ihren Wert zu verändern. Durch die römische Eins wird die Rätselaufgabe optisch überzeugender dargestellt. Die weitere Folge lautet:
181 609 619 689 808 818 888 906 916 986 IOOI IIII I691 I961 6009 ...

Bemerkung
Bis heute gibt es keine Formel, die das n-te Element dieser Reihe berechnen kann.

Zahlenleiter

Präsentation:	Offenes Lernen (Einzeln, Partner)/ Teampunkte/Tempofragen
Schwierigkeit:	mittel
Schuljahre:	5–10
Fach:	Fächerübergreifend
Material:	Papier und Bleistift, Kopiervorlage

Die folgende Aufgabe wurde für Harry Sly zu einem wahren Gehirnjogging. Allerdings wusste er nicht, dass er zur Lösungsfindung bloß bis drei zählen müsste.

Zahlenleiter

Aufgabe
Wie kann die abgebildete Zahlenleiter zeilenweise von oben nach unten gelesen logisch um eine weitere Zeile ergänzt werden? Jeder Strich steht für eine Ziffer.

Tipp
Sie brauchen keine Ziffer einzusetzen, die größer als 3 ist.

Kopiervorlage

```
1
1 1
2 1
1 2 1 1
1 1 1 2 2 1
3 1 2 2 1 1
_ _ _ _ _ _ _ _
```

Lösung
1 3 1 1 2 2 2 1.

Sie müssen einfach von oben nach unten die Ziffern ablesen: In der ersten Reihe steht ein Einser, daher schreiben Sie in die zweite Reihe „ein Einser" (1 1), also zweimal die 1. Dann lesen Sie weiter „zwei Einser" (2 1) und notieren 2 1. Die vierte Reihe schreibt sich analog 1 2 1 1 (lies: „ein Zweier und ein Einser"). Der Rest ist nur Formsache.

Bemerkung
Bei dieser Aufgabe können auch in allen weiteren Reihen nur die Zahlen von 1 bis 3 vorkommen.

Einfach!?

Präsentation:	Offenes Lernen (Einzeln, Partner)/ Teampunkte/Tempofragen
Schwierigkeit:	mittel
Schuljahre:	7–13
Fach:	Fächerübergreifend
Material:	Papier und Bleistift

Einen besonderen Leckerbissen für Liebhaber von Reihen stellt diese kleine Aufgabe dar. Dazu zwei Fragen:

Aufgabe
Kannst du die Zahlenfolge **3 1 4 1 5** auf einfachstem Weg fortsetzen? An welche Zahl erinnert dich diese Zahlenfolge?

Unser Freund Harry Sly wurde auf Grund seines mathematischen Verstandes vor keine wirklich großen Probleme gestellt. Welche Lösungen haben Sie anzubieten? Vorweg: die simple Ziffer 1 ist zwar korrekt (3-1, 4-1, 5-1, …), für diese Aufgabe jedoch nicht die gesuchte Lösung.

Lösung
Auf den ersten Blick drängt sich tatsächlich die 1 auf. Bei genauer Betrachtung aber, mit einem Komma an der richtigen Stelle, muss die 9 folgen. Der Grund? Es handelt sich um die ersten Nachkommastellen der Zahl π: 3,14159 ….

Bemerkung
Momentan steht der Weltrekord in der Berechnung dieser irrationalen Zahl auf 1,24 Billionen Stellen.

Ziffern 1 bis 9

Präsentation:	Teampunkte/Tempofragen
Schwierigkeit:	mittel – schwer
Schuljahre:	7–10
Fach:	Mathematik
Material:	Papier und Bleistift

„Harry Sly, Sie sind Experte in ‚Top-Secret-Problemen'. Wir haben die Gleichung $1 + 2 + 3 - 4 + 5 + 6 + 78 + 9 = 100$ zugeschickt bekommen. Daneben fanden wir einen Zettel mit nachfolgender Aufforderung. Können Sie uns eine Lösung vorschlagen?"

Aufgabe
Bilden Sie eine Gleichung mit nur drei Plus- oder Minuszeichen, wobei wieder alle Ziffern von 1 bis 9 aufsteigend auf einer Seite der Gleichung ... = 100 stehen müssen.

Lösung
$123 - 45 - 67 + 89 = 100$

Dominoeffekt

Präsentation:	Offenes Lernen (Einzeln, Partner)/ Teampunkte/Tempofragen
Schwierigkeit:	leicht – mittel
Schuljahre:	5–10
Fach:	Fächerübergreifend
Material:	Kopiervorlage

In einem Urlaub bei spielfreudigen Freunden machte Harry Sly Bekanntschaft mit dem Dominospiel. Eines Abends legte ihm der Gastgeber ein Blatt Papier vor, in dem eine Mauer aus den 28 Steinen des 6er-Dominos abgebildet war, und forderte Harry auf:

Aufgabe

„Umranden Sie die Dominosteine in ihrer richtigen Lage."

Kopiervorlage

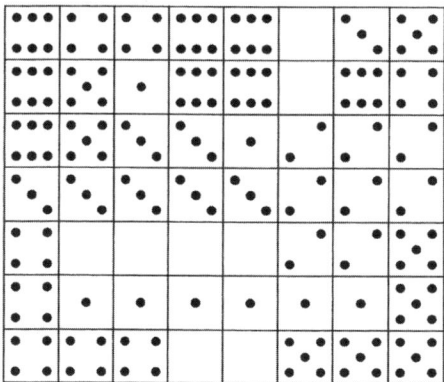

Tipp

Wenn Sie eine schwächere Klasse unterrichten, sollten Sie eventuell einen ersten Stein vorgeben.

Lösung

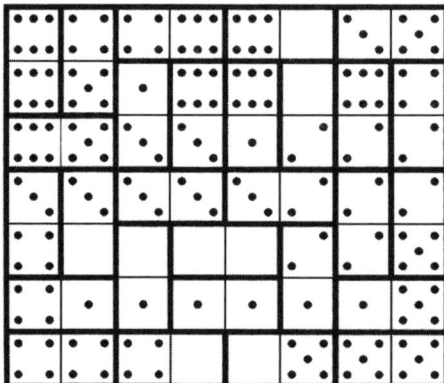

Geheime Karte

Präsentation:	Tempofragen
Schwierigkeit:	mittel
Schuljahre:	7–10
Fach:	Fächerübergreifend
Material:	Papier und Bleistift

Vor einiger Zeit wurde Harry Sly zu einer außergewöhnlichen Schulveranstaltung, einem Denksportabend, eingeladen. Er sollte möglichst viele Schülerinnen und Schüler gleichzeitig zum Nachdenken animieren und dabei denjenigen, die die Lösung der Aufgabe schneller fanden als andere, seine Funktion als Rätselmeister übertragen. Dazu fiel Harry die folgende Aufgabe ein:

Während ein Kind den Raum kurz verlässt, sagt Harry den anderen, welche der ausgelegten Spielkarten (siehe Abbildung) er sich denkt. Unmittelbar darauf kommt der weggeschickte Schüler wieder in die Klasse und Harry zeigt mit einem Bleistift auf eine beliebige Karte und fragt: „Denke ich an diese Karte?"

Karte um Karte wird auf diese Weise angezeigt, wobei der Schüler immer mit „ja" oder „nein" antwortet. Das geht so lange weiter, bis sich der Schüler irrt. Dann kommt der nächste an die Reihe. Liegt der Schüler dagegen richtig, darf er den Rätselmeister mimen. Nach und nach gelingt es den Kindern, das Geheimnis der gedachten Karte zu entschlüsseln.

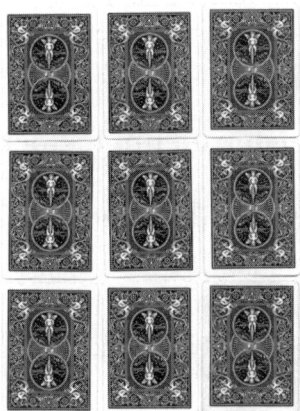

Aufgabe
Wie kann Harry Sly als Rätselmeister seinem Publikum geheim – und doch vor aller Augen – zeigen, welche Karte er sich denkt?

Lösung

Sly zeigt bei der allerersten Frage „Ist es diese Karte?" auf eine beliebige der neun Karten, und zwar zeigt er dabei auf eine genau definierte Stelle der Rückseite dieser Karte. Damit gibt er auch schon die gedachte Karte preis. Denn jede Karte besteht aus den neun imaginären Punkten oben-links, oben-mitte, oben-rechts, zentrum-links, zentrum-mitte, zentrum-rechts, unten-links, unten-mitte und unten-rechts; diese Punkte entsprechen genau einer der neun ausgelegten Karten. Zeigt Sly nun beispielsweise auf einer beliebigen Karte auf den Punkt links-oben, dann hat er sich auch die Karte links oben gedacht. Wird dagegen der erste Hinweis mit dem Bleistift zur Kartenmitte (zentrum-mitte) gegeben, hat er sich die zentrale Karte ausgesucht.

Bemerkung

Die Schülerinnen und Schüler können sehr leicht in die Irre geführt werden, wenn Sie als Rätselmeister die Handbewegung mit dem Bleistift nachlässig machen. Je nachdem, wie lange Sie die Klasse nachdenken lassen wollen, empfiehlt es sich, immer deutlichere Hilfen zu geben. Weisen Sie aber ausdrücklich darauf hin, dass niemand die Lösung vorrufen sollte, sondern stattdessen einfach Ihre Position als Rätselmeister einnehmen darf, sobald er glaubt, die Lösung gefunden zu haben. Hat einer der Schüler tatsächlich gut beobachtet, wird er Sie perfekt mimen.

Eisbären um Eislöcher

Präsentation:	Offenes Lernen (Einzeln, Partner)/ Teampunkte/Tempofragen
Schwierigkeit:	mittel
Schuljahre:	5–8
Fach:	Fächerübergreifend
Material:	5 Würfel, Kopiervorlage

Harry Sly ist zwar kein Polarforscher, dennoch hat er sich beim folgenden Rätsel beinahe kalte Füße geholt. Erst nach mehrmaligen Versuchen ging ihm doch noch ein (Polar-)Licht auf.

Die Abbildung zeigt unterschiedliche Würfelergebnisse, wie sie Harry Sly zu sehen bekam. Die Frage war jeweils: Wie viele Eisbären tummeln sich bei ihrer Nahrungssuche um die Eislöcher der Arktis?

Eisbären um Eislöcher

Aufgabe
Bei acht von neun Würfen ist das korrekte Ergebnis bereits angeführt. Wie sieht es beim letzten Wurf aus, wie viele Eisbären sitzen hier um die Eislöcher der Arktis?

Hinweis
Zur optimalen Präsentation dieses Rätsels sollten Sie einfach fünf Würfel zur Hand nehmen und einen Wurf nach dem anderen auf den Tisch rollen. Dann wird jeweils die Frage nach der Zahl der Eisbären gestellt. Nach mehreren Wurfversuchen finden aufgeweckte Schülerinnen und Schüler meist ohnehin die richtige Lösung.

Kopiervorlage

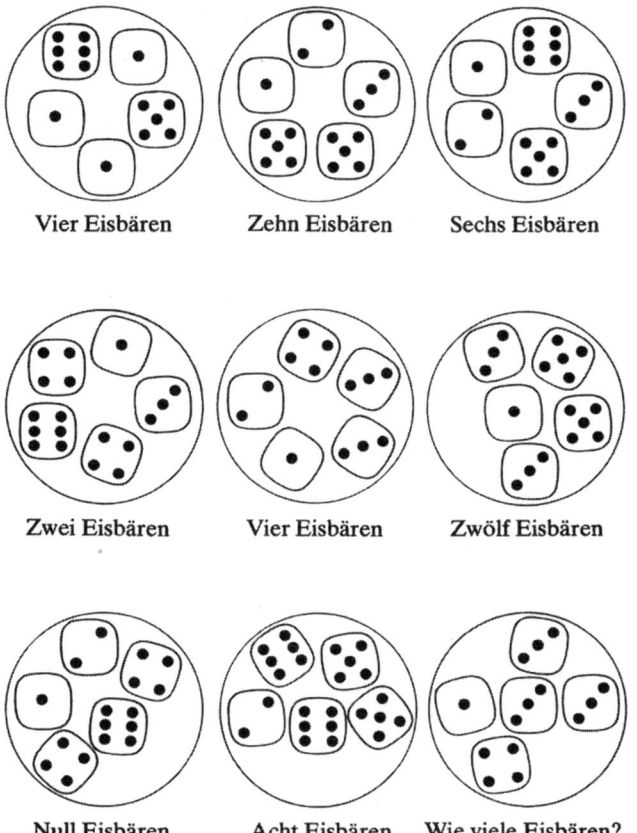

Lösung
Sechs.

Gezählt werden immer die äußeren Punkte der „3" und der „5", da das Zentrum ein „Eisloch" darstellt. Die „1" gilt als unbesetztes Eisloch.

Bemerkung
Ihre Schülerinnen und Schüler werden unterschiedlich schnell zur Lösung finden. Weisen Sie die Kinder unbedingt vor dem ersten Wurf darauf hin, da sonst die schnellsten Denker gleich das Ergebnis vorrufen und damit die anderen um das Aha-Erlebnis bringen.

Sie können die Fragestellung auch so abwandeln, dass die „6", „4" und „2" als Fangausbeute mit 6, 4 bzw. 2 Fischen gezählt werden. Beim ersten Beispiel der Kopiervorlage bedeutet dies: Vier Eisbären sitzen um ein Loch und fangen sechs Fische.

Die Welt der 64 Felder

Eleganter als Stefan Zweig in seinem Meisterwerk „Die Schachnovelle" (1941) hat kein Mensch das Schachspiel je beschrieben. Und diese Welt der 64 Felder birgt neben der eigentlichen Schachpartie viele weitere Geheimnisse, die aufzuzeigen eine der Aufgaben dieses Buches sein soll. Nicht der Turnierspieler ist gefragt, sondern der logisch denkende Leser, der mit gewissem Amüsement die Rätsel des Schachbrettes durchdringen will.

Die Aufgaben haben ganz unterschiedlichen Schwierigkeitsgrad und sie sind auch ganz verschieden in ihren Anforderungen. Bei manchen Rätseln ist eine Kenntnis der Zugvorschriften des königlichen Spiels Voraussetzung, bei anderen muss der Leser nur seine reine Geisteskraft einsetzen. Das Schachbrett und die Spielfiguren dienen in diesem Fall mehr als Utensilien, als Rohmaterialien für verborgene Ideen.

Für den Lehrenden als auch für die Klasse stellt das Schachbrett den Sammelplatz, den Hafen dar, in dem die vielfältigen Gedanken fokussiert werden. Die Schachprobleme eignen sich ganz besonders für so genannte Kreativ-Lerntage, wo den Schülergruppen abseits vom herkömmlichen Fächerkanon interessante Aufgabenstellungen präsentiert werden, die dann mit den Materialien des Schachspiels direkt ausprobiert werden können. Die Lösung wird also bei den meisten Aufgaben dieses Kapitels nicht theoretisch durchgedacht, sondern ganz praktisch am Schachbrett erarbeitet. Für begabte Werkschülerinnen und -schüler ist die Herstellung eigener Schachfigurensets sehr zu empfehlen, mit anschließender „Belohnung" in Form von Rätselaufgaben. Gerade bei diesen Aufgaben steht das Gruppenerlebnis sehr im Vordergrund.

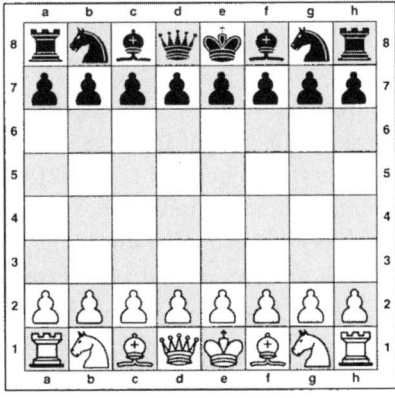

Acht Damen

Präsentation:	Gehirnjogging/Tempofragen
Schwierigkeit:	mittel
Schuljahre:	5–10
Fach:	Fächerübergreifend
Material:	Schachspiel

„Bobby, hier habe ich ein altes, sehr reizvolles Problem, es nennt sich die ‚Acht Damen'." Raymond stellt acht Spielfiguren (aus praktischen Gründen Bauern, davon gibt es genug) neben das leere Schachbrett.

Aufgabe
„In keiner Reihe und auch in keiner Spalte darf mehr als eine Dame stehen. Kannst du die Damen korrekt platzieren?"

Lösung

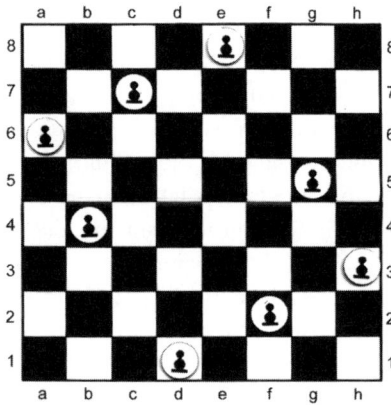

Bemerkung
Dieses Problem wurde ca. 1850 von einem gewissen Herrn Nauck in die Rätselliteratur eingebracht. Es gibt alles in allem zwölf unterschiedliche Anordnungen, wenn man Reflexionen und Spiegelungen außer Acht lässt. Die abgebildete Lösung ist allerdings die einzige symmetrische. Das heißt, die Abbildung kann umgedreht werden und ergibt dabei das gleiche Bild.

Läuferinvasion

Präsentation:	Offenes Lernen (Einzeln, Partner)/ Teampunkte/Tempofragen
Schwierigkeit:	mittel
Schuljahre:	5–10
Fach:	Fächerübergreifend
Material:	Schachspiel

Unser Schachfreund Bobby wird wieder einmal mit einer kniffligen Frage konfrontiert:

Aufgabe
Wie viele Läufer lassen sich auf einem Schachbrett platzieren, so dass keiner einen anderen schlagen kann?

„Kein Problem," denkt Bobby und will schon „sechzehn" als Antwort geben. Aber so einfach ist es nun doch nicht.

Hinweis
Benutzen Sie die Bauern als Läufer.

Lösung
14 Läufer

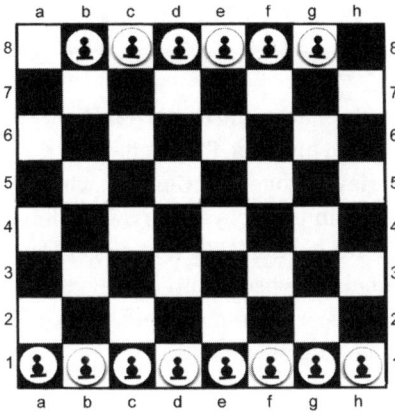

Wolf und Schafe

Präsentation:	Spiele-System
Schwierigkeit:	mittel
Schuljahre:	5–10
Fach:	Fächerübergreifend
Material:	Schachspiel

„Raymond, heute fordere ich dich zu einem kleinen Spielchen: ‚Wolf und Schafe'. Wir brauchen nur fünf Figuren." Mit diesen Worten schiebt Bobby seinem Freund das Schachbrett hin, mit der Dame auf Bobbys Seite.

Abbildung

„Die vier Bauern sind die Schafe, die Dame der Wolf. Die Schafe müssen versuchen, den Wolf daran zu hindern, ihre Reihen zu durchbrechen." „OK, ich verstehe. Wie wird genau gezogen?" „Gespielt wird nur auf den schwarzen Feldern. Die Schafe dürfen nur schräg vorwärts ziehen, der Wolf darf sich auf allen vier möglichen Nachbarfeldern bewegen. Der Wolf gewinnt, wenn er durch die Schafreihen durchschlüpft, die Schafe dagegen, wenn sie den Wolf so einschließen, dass er nicht mehr ziehen kann. Alles klar? Du darfst mit dem Wolf den ersten Zug machen."

Aufgabe

Sollte Raymond die Einladung seines Freundes annehmen und zu spielen beginnen? Oder täte er besser daran zu verlangen, dass er die Schafe führt? Nach einigen Partien sollte deutlich werden, wer die stärkere Seite darstellt.

Rösselsprung

Lösung
Bei korrektem Spiel gewinnen immer die Schafe. Daher sollte Raymond verlangen, mit den Schafen zu spielen. Die Schafe müssen nur darauf achten, dass ihre Treiberkette nie zerreißt. Da der Wolf aber beim Vorrücken der Schafe Lücken erzwingen kann, ist es entscheidend, dass die Schafe um einen Schritt schneller sind, diese wieder zu schließen, als der Wolf bei seinem Versuch, den Schafen zu entschlüpfen.

Rösselsprung

> **Präsentation:** Tempofragen
> **Schwierigkeit:** mittel
> **Schuljahre:** 6–10
> **Fach:** Fächerübergreifend
> **Material:** Schachspiel

Zwei weiße und zwei schwarze Springer stehen in den Ecken eines verkleinerten Schachbrettes (siehe Abbildung.)

Abbildung

Aufgabe
Durch welche Sprungfolge können die beiden Farben die Plätze tauschen und wie viele Bewegungen sind nötig?

Bobby greift schnell nach den Figuren und schiebt sie in die richtigen Positionen.

Lösung
16 Rösselsprünge.

Wenn Sie sich den Brettausschnitt kreisförmig vorstellen, wird die Lösung fast trivial. Ein Springer macht in eine der beiden möglichen Richtungen einen Sprung, danach folgen die anderen im Uhrzeigersinn nach.

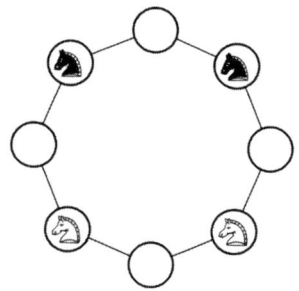

Bemerkung
Diese Aufgabe ist eines der ältesten bekannten Rätsel auf dem Schachbrett. Sie stammt aus dem Jahre 1512 und wurde von einem gewissen Guarini di Forli vorgestellt.

Das zersägte Schachbrett

Präsentation:	Teampunkte/Tempofragen
Schwierigkeit:	mittel
Schuljahre:	5–10
Fach:	Mathematik
Material:	Schachspiel

„Bobby, ich zeig dir ein Schachbrett im Rohzustand." Raymond lächelt verschmitzt und reicht seinem Freund 64 quadratische schwarze und weiße Plättchen.

Aufgabe
„Wie viele Sägevorgänge habe ich gebraucht, um dieses Schachbrett in seine 64 Einzelfelder zu zerschneiden? Ich habe selbstverständlich versucht, die Schnittzahl minimal zu halten."

Lösung
Sechs Schnitte.

Nach jedem Schnitt hat Raymond die Bruchteile übereinander gelegt und wieder zu sägen begonnen. Daher hat sich die Anzahl der Teile mit jedem Schnitt verdoppelt. Da 2^6 genau 64 ergibt – die Zahl der Felder eines Schachbretts – waren sechs Schnitte nötig.

Damenspiele

Präsentation:	Spiele-System
Schwierigkeit:	mittel
Schuljahre:	7–13
Fach:	Mathematik
Material:	Schachspiel

Bobby und Raymond versuchen zur Abwechslung ein neuartiges Strategiespiel mit nur einer Figur:

Bobby darf auf einem beliebigen Feld des abgebildeten Spielplans in der schattierten oberen und rechten Reihe eine Dame platzieren. Danach wird abwechselnd gezogen, entsprechend den normalen Zugregeln der Dame. Allerdings mit einer Einschränkung: Die Figur darf sich horizontal nur nach links, vertikal nur nach unten und diagonal nur nach links unten bewegen. Raymond macht den ersten Zug. Wer immer mit der Dame das Feld unten links (X) erreicht, hat gewonnen.

Abbildung

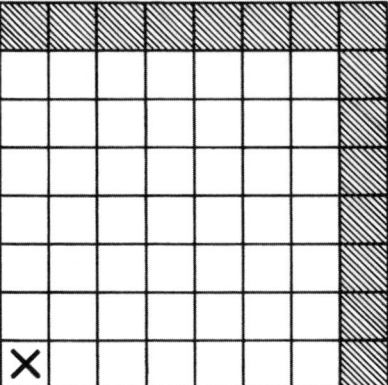

Aufgabe
Wären Sie lieber Bobby oder Raymond?

Lösung
Bobby.

Warum? Nun, das Rätsel lässt sich von hinten aufspulen: Bobby gewinnt in einem Zug, wenn Raymond in Abbildung A (siehe unten) die Dame auf eines der schraffierten Felder platziert. Gelingt es Bobby, mit einem seiner Züge eines der beiden schwarzen Felder zu erreichen, ist Raymond auf Grund der Zugregel gezwungen, nach links oder nach unten in ein schraffiertes Feld zu ziehen. Diese schwarzen Felder garantieren also einen Gewinn. In Abbildung B sind alle Felder schraffiert, von denen aus Bobby entweder sofort das X-Feld erreicht, oder aber eines der sicheren schwarzen Felder. Schließlich zeigt Abbildung C durch Schraffur alle Felder, von denen aus Bobby schwarze Felder oder das X-Feld erreichen kann, sowie die zwei sicheren schwarzen Startfelder. Platziert er seine Dame auf einen dieser Black Spots, muss er zwangsläufig gewinnen.

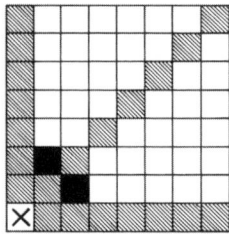 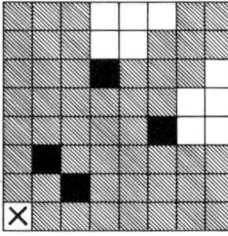 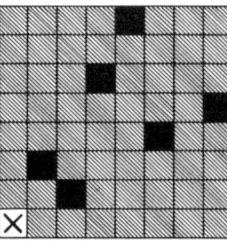

Abbildung A **Abbildung B** **Abbildung C**

Schach im alten China

Präsentation:	Tempofragen/Teampunkte
Schwierigkeit:	mittel
Schuljahre:	6–13
Fach:	Mathematik. fächerübergreifend
Material:	Schachspiel

„Bobby, ich habe in einem Manuskript ein altes chinesisches Schachproblem gefunden. Nur zwei weiße Türme und die Könige stehen sich gegenüber (siehe Abbildung)." Sekunden später brütet Bobby über einer reizvollen Aufgabe.

Schach im alten China

Aufgabe
Weiß setzt seinen schwarzen Gegenspieler in drei Zügen matt, darf dabei aber jede seiner drei Figuren nur ein einziges Mal ziehen. Wie schafft Weiß das?

Abbildung

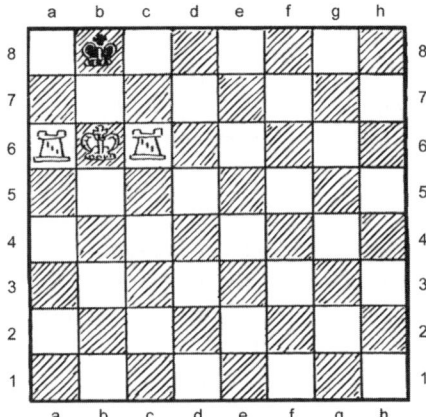

W: Kb6 Ta6 Tc6
S: Kb8

Lösung
1. Zug: Turm d6, der schwarze König kann nur auf c8.
2. Zug: König a7, der schwarze König muss auf c7.
3. Zug: Turm auf c6 und matt.

Wunderwelt des Denkens

Warum fallen Feder und Eisenkugel gleich schnell? Wieso sieht man sich im Spiegel seitenverkehrt? Dehnt sich ein eiserner Ring nach innen und außen, wenn man ihn erwärmt? Natürliche Phänomene und viele Dinge des Alltags werfen oft überraschende, rätselhafte Fragen auf, die trotz unserer Erfahrung nicht immer auf Anhieb zu beantworten sind. Mit dem nötigen wissenschaftlichen Hintergrundwissen ausgestattet, können wir ein besseres Verständnis dieser bisweilen fast paradoxen Themenstellungen erreichen. Allerdings werden gerade in der Kategorie „Wunderwelt des Denkens" manchmal auch bei naturwissenschaftlich fundierten Antworten sofort neue Fragen aufgeworfen. Der findige Mensch sucht eben immer wieder nach neuen Erklärungen.

Eine besonders lange Tradition in der Geschichte der „Wunderwelt des Denkens" haben die so genannten „Transportprobleme". Bereits im 8. Jahrhundert wurden zur Erbauung Kaiser Karls des Großen verschiedenste Transportprobleme in Alkuins Sammlung von Rätselaufgaben eingestreut. Alkuin als Lehrer des mächtigen Kaisers machte mit seinem Werk die mathematisch-logische Denksportaufgabe in höchsten Kreisen bekannt und beliebt. Sowohl die drei Männer mit ihren Schwestern als auch der Mann mit Wolf, Ziege und Kohlkopf sind in Alkuins Werk enthalten. Und gerade die Flussüberquerung mit Wolf und Ziege ist zu einem Prototyp dieser Gattung geworden. Alle Transport- und Wegprobleme verlangen vom Rätsellöser planerisches Vorgehen. Mit dem für viele andere Aufgaben nötigen Geistesblitz ist es hier nicht getan. Geduldiges Aufzeichnen eines Schritt-für-Schritt-Plans hilft sehr bei der Suche nach der optimalen Strategie. Dabei darf durchaus auch ein wenig probiert werden. Je genauer die logische Abfolge, desto besser sind die Chancen auf Erfolg.

Der Spiegel

Präsentation:	Gehirnjogging/Top Tipp
Schwierigkeit:	mittel – schwer
Schuljahre:	8–13
Fach:	Physik
Material:	Papier und Bleistift

Alfons Zweistein liebt die geistige Herausforderung. In der „Welt des Denkens" fühlt er sich daher sehr zu Hause. Eines Morgens wird er von seiner Gattin mit einem trickreichen Problem überrascht: Wann immer sie in den Spiegel blickt, möchte sie sich in voller Größe (1,76 m) vom Scheitel bis zur Sohle betrachten können. „Schatz, kaufst du mir einen neuen Spiegel für das Schlafzimmer?" Mit schmeichelnden Worten versucht sie, Alfons zur schnellen Entscheidung zu drängen. „Du weißt, der Spiegel muss mindestens so groß sein wie ich, sonst sehe ich mich nicht ganz."
„Meine Teuerste", wirft Alfons ein, „um dich in voller Schönheit betrachten zu können, darf der Spiegel ruhig etwas kleiner sein." Mrs. Zweistein ist erstaunt, aber Al hat absolut Recht.

Aufgabe
Wie groß muss der Spiegel tatsächlich sein, um die Wünsche der Gattin zu befriedigen?

Lösung
88 cm.

Die für manchen überraschende Antwort lässt sich leicht erklären: Da sich der Mensch gerne vom Scheitel bis zur Fußspitze betrachtet, muss der Lichtstrahl von diesen beiden Extrempunkten zum Auge reflektiert werden. Da nach dem Reflexionsgesetz Einfallswinkel gleich Ausfallswinkel ist, muss sich die Unterkante des Spiegels genau auf halber Höhe zwischen Fußspitze und Auge befinden, die Oberkante auf halber Höhe zwischen Auge und Scheitel (siehe Abbildung). Daher muss der Spiegel zumindest die halbe Größe des sich betrachtenden Menschen haben.

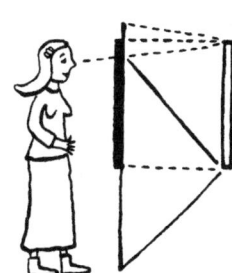

Die Insel im Teich

Präsentation:	Tempofragen/Teampunkte
Schwierigkeit:	mittel
Schuljahre:	8–10
Fach:	Mathematik, fächerübergreifend

An einem Sonntagmorgen im Spätherbst stand Alfons Zweistein vor einem eher ungewöhnlichen Problem: Seine Gattin hatte ihr Armband auf der nahe gelegenen Insel im kreisrunden Teich gleich neben der hoch aufragenden Birke verloren. Al hatte außer einem langen Seil kein Werkzeug zur Verfügung und das trübe, mit Fröschen bevölkerte Wasser war auch nicht wirklich einladend zum Schwimmen. Was tun? Nach wenigen Minuten kam dem treuen Gatten eine Idee, stand doch neben dem Teich eine zweite, kräftige Birke.

Aufgabe
Wie konnte Alfons Zweistein auf die Insel gelangen, ohne nass zu werden?

Lösung
Alfons befestigte das Seil zunächst an der Birke am Uferrand. Dann trug er es rund um den Teich, wobei sich das Seil nach Zurücklegen des halben Weges automatisch um die Birke in der Inselmitte legte. Am Ausgangspunkt angekommen zog er das Seil völlig straff und fixierte das zweite Ende ebenfalls an der Uferbirke. Schließlich überquerte er in Seiltänzermanier oder hangelnd das Gewässer.

Die Uhr

Präsentation:	Gehirnjogging/Tempofragen/Teampunkte
Schwierigkeit:	mittel – schwer
Schuljahre:	7–13
Fach:	Fächerübergreifend
Material:	Text

Alfons Zweistein hatte seine Armbanduhr zur Reparatur gebracht. Und die Wanduhr in seinem Arbeitszimmer war leider stehen geblieben – wieder einmal hatte Al vergessen sie aufzuziehen. Glücklicherweise war Als Freund im nahe gelegenen Dorf zu Hause. Also machte sich Al kurzerhand auf den Weg zu seinem Freund, ließ sich die genaue Zeit sagen, trank ein schnelles Bier mit dem Kumpel und brachte nach seiner Rückkehr die Zeiger seiner Wanduhr in die korrekte Stellung.

Aufgabe

Wie schaffte Al Zweistein diese „Zeitreise", ohne vorweg zu wissen, wie lange der Weg ins Nachbardorf und das Bier unter Freunden dauern würde?

Lösung

Der Trick liegt darin, dass Al vor dem Weggehen die Wanduhr in Gang setzte. Dadurch konnte er feststellen, wann er wegging und wann er wieder heimkehrte – wie lange also die gesamte Abwesenheit von zu Hause dauerte. Sobald Al bei seinem Freund ankam, stellte er die Zeit auf dessen Uhr fest. Beim Weggehen nach dem Glas Bier machte er nochmals eine Zeitkontrolle und kannte damit die Dauer des Aufenthalts. Sobald er zu Hause ankam, zog er die Zeit des Aufenthalts von der durch die Wanduhr angezeigten vollen Zeit der Abwesenheit ab und erhielt dadurch die Zeitspanne für den Hin- und Herweg. Diese Zeit halbierte er und zählte die Zeitspanne zu der Zeit hinzu, die die Uhr des Freundes beim Weggehen anzeigte. Dadurch wusste er, wie er seine Wanduhr einstellen musste.

Begehrenswerte Schwestern

Präsentation:	Offenes Lernen (Einzeln, Partner)/ Teampunkte
Schwierigkeit:	I: leicht, II: mittel – schwer
Schuljahre:	6–13
Fach:	Mathematik, Informatik
Material:	Papier und Bleistift

Alkuins Klassiker I
„Ein mehr als 1200 Jahre altes Rätsel!" Alfons Zweistein ist fasziniert von der langen Tradition des logischen Denkens. „Von Alkuin, Lehrer Karls des Großen." Dieser Hinweis spornt unseren Denker noch mehr an.

Aufgabe
Ein Mann muss einen Wolf, eine Ziege und einen Kohlkopf über den Fluss bringen. Das Boot trägt aber neben dem Mann nur eines der drei Objekte. Zugleich hat der Wolf ein begehrliches Auge auf die Ziege geworfen, der Ziege dagegen läuft beim Anblick des Kohlkopfs das Wasser im Mund zusammen. Wie viele Überquerungen sind im besten Falle notwendig?

Al ist begeistert. Und in wenigen Minuten hat er ein kleines Diagramm aufs Papier gezaubert.

Alkuins Klassiker II
„Hier ist noch ein Flussrätsel," denkt Alfons Zweistein.

Aufgabe
Drei Männer, von denen jeder eine Schwester bei sich hat, kommen zu einem Fluss. Das Überqueren ist äußerst mühsam, da jeder der Männer die Schwestern der anderen begehrt. Das kleine Boot an der Uferböschung trägt nur zwei Personen. Wie können alle sechs über den Fluss, ohne dass eine der Frauen belästigt wird? Und wie viele Überquerungen sind notwendig?

Hinweis
Eine Schwester ist geschützt, sofern im Boot oder am Ufer der Bruder dabei ist. So wollten es Alkuins Zeitgenossen.

Lösungen
Alkuins Klassiker I

Nr. der Überquerung	Ufer links	Fluss			Ufer rechts
1	W K	>	Z	>	–
2	W K	<	…	<	Z
3	K	>	W	>	Z
4	K	<	Z	<	W
5	Z	>	K	>	W
6	Z	<	…	<	W K
7	–	>	Z	>	W K

Abkürzungen:
W = Wolf,
Z = Ziege,
K = Kohlkopf;
– = leeres Ufer;
… = Leerfahrt;
> und < zeigen die Fahrtrichtung an.

Alkuins Klassiker II

Nr. der Überquerung	Ufer links	Fluss			Ufer rechts
1	Aa Cc	>	Bb	>	–
2	Aa Cc	<	B	<	b
3	A B C	>	ac	>	b
4	A B C	<	a	<	b c
5	Aa	>	BC	>	b c
6	Aa	<	Bb	<	Cc
7	a b	>	AB	>	Cc
8	a b	<	c	<	A B C
9	b	>	ac	>	A B C
10	b	<	B	<	Aa Cc
11	–	>	Bb	>	Aa Cc

Abkürzungen:
Paare: Aa, Bb, Cc
(Großbuchstaben = Männer,
Kleinbuchstaben = Schwestern);
– = leeres Ufer;
> und < zeigen die Fahrtrichtung an.

Bemerkung
Die Wolf-Ziege-Kohlkopf-Aufgabe ist eine frühere Version der „begehrenswerten Schwestern", wird aber von Alkuin chronologisch erst später angeführt. Jedenfalls hat auch das Wolf-Ziege-Kohlkopf-Rätsel eine mehr als 1000 Jahre alte Geschichte. Das Rätsel der „begehrenswerten Schwestern" wurde später unter dem Namen „Drei Missionare und drei Kannibalen" bekannt.

Die Hängebrücke

Präsentation:	Gehirnjogging/Teampunkte
Schwierigkeit:	mittel – schwer
Schuljahre:	5–13
Fach:	Mathematik, Informatik
Material:	Papier und Bleistift

Vier Forscher sind auf der Flucht durch die Wildnis. Sie stehen vor einer unsicheren Hängebrücke, die nur zwei Personen trägt. Es ist tiefe Nacht und sie haben nur eine Taschenlampe bei sich. Zu allem Unglück sind die Professoren unterschiedlich trainiert. Prof. Race braucht nur eine Minute, Prof. Walk zwei, Prof. Slow fünf und Prof. Snail zehn Minuten, um von einer Seite der Schlucht zur anderen zu gelangen.

Aufgabe
Wie lange brauchen alle vier Professoren, um die Brücke zu überqueren?

„Mehr als 20 Minuten," denkt Alfons Zweistein. Da sollte er schnell einen Überquerungsplan zeichnen und eine genaue Wegberechnung vornehmen!

Lösung
17 Minuten.

Nr. der Überquerung	Linke Seite	Hängebrücke	Rechte Seite	Zeit in min
1	Sl Sn	> R W >	–	2
2	Sl Sn	< R <	W	1
3	R	> Sl Sn >	W	10
4	R	< W <	Sl Sn	2
5	–	> R W >	Sl Sn	2

Abkürzungen:
R = Prof. Race
W = Prof. Walk
Sl = Prof. Slow
Sn = Prof. Snail
– = leere Seite,
> und < zeigen die Richtung an.

Bemerkung
Als Hinweis dürfen Sie die optimale Lösung von 17 Minuten bekannt geben und dann erst den passenden Überquerungsplan verlangen. Bei dieser Aufgabe ist es günstig, vorweg ein Beispiel auf die Tafel zu schreiben.

Findige Pfadfinder

Präsentation:	Gehirnjogging/Tempofragen
Schwierigkeit:	I. mittel – schwer, II. schwer (Lehrerhilfe)
Schuljahre:	8–13
Fach:	Mathematik, Informatik
Material:	Kopiervorlage, Papier und Bleistift

Findige Pfadfinder I

„Hallo, Al. Ich habe gerade über E-Mail eine ganz trickreiche Aufgabe bekommen. Jedenfalls sehe ich auf den ersten Blick keine Lösung." Al Zweisteins bester Freund ist wieder mal hellauf begeistert. „Lass mich mal sehen." Al hat noch immer an sich geglaubt.

Kopiervorlage: Findige Pfadfinder I

> Acht Pfadfinder kommen mit ihrem Führer zu einer Weggabelung. Vier Pfade führen in vier verschiedene Richtungen. Das Lager ist genau 20 Minuten von der Wegkreuzung entfernt. Vor Einbruch der Dunkelheit bleibt noch eine Stunde Zeit. Zwei der acht Pfadfinder halten es leider nicht immer mit der Wahrheit, manchmal lügen sie, manchmal nicht.
> Der Führer muss nun schnell entscheiden, wie er den richtigen Weg finden kann. Geht er entlang Pfad A, findet er vielleicht nach 20 Minuten das Lager, kehrt zurück zum Ausgangspunkt und holt die anderen acht dort ab. In genau einer Stunde würden alle wohlbehalten beim Lagerfeuer sitzen. Was aber, wenn das Lager nicht am Ende des Pfades A liegt?
> Wie muss der Führer die Pfadfinder aufteilen und losschicken, um das Lager auf jeden Fall rechtzeitig zu finden?

„Hast du schon eine Idee?" Als Freund ist wie so oft ein wenig ungeduldig. „Warte mal, ... ich glaube ich sehe eine Möglichkeit." Sehen Sie diese auch?

Bemerkung zu Findige Pfadfinder I

Diese Aufgabe ist sehr trickreich und gar nicht leicht zu lösen. Die Tatsache, dass zwei der Pfadfinder lügen, allerdings eben nur manchmal, verlangt eine genaue Lösungsstrategie.

Findige Pfadfinder II

„Super, Al, du bist wirklich manchmal genial." „Sage ich doch immer!" Al mangelt es nicht an Selbstvertrauen. „Aber hier ist noch eine zweite Pfadfinderaufgabe. Sie soll noch schwerer zu lösen sein, sagt meine Mail." Diesmal verfällt Al in tiefes Nachdenken.

Kopiervorlage: Findige Pfadfinder II

> Der Führer kommt mit nur vier Pfadfindern zur Wegkreuzung, von der wieder vier Pfade in verschiedene Richtungen weggehen. Diesmal hat er 100 Minuten bis zum Sonnenuntergang. Allerdings sind wieder zwei potenzielle Lügner unter den Gefährten. Zwei Explorationstrips sind in der knappen Zeit möglich. Noch eine kleine Information ist nötig, um diese Aufgabe zu lösen: Falls einer der Pfadfinder bei der ersten Exploration lügt, lügt er auch bei der zweiten, und umgekehrt.
> Und wieder heißt es: Wie muss der Führer die Pfadfinder aufteilen und losschicken, um das Lager auf jeden Fall rechtzeitig zu finden?

Lösungen

Findige Pfadfinder I: Der Führer geht entlang Pfad A, zwei Dreiergruppen übernehmen die Pfade B und C, die übrigen zwei Pfadfinder Pfad D. Nach genau 40 Minuten treffen sich die Gruppen wieder am Kreuzungspunkt. Hat der Führer Erfolg gehabt, ist die Sache entschieden. Sollten beide Dreiergruppen divergierende Aussagen machen, muss er nur der jeweiligen Mehrheit Glauben schenken (in jeder Gruppe kann nur maximal ein Lügner sein). Sind sich eine Dreier- und die Zweiergruppe uneinig, zählt die Mehrheitsaussage der Dreiergruppe, da ja wieder nur einer der drei gelogen haben kann. Sollte nur eine Gruppe Uneinstimmigkeit zeigen, ist diese Gruppe einfach zu ignorieren. Machen dagegen alle Gruppen homogene Aussagen, wird die Zweiergruppe vernachlässigt.

Findige Pfadfinder II: Der erste Trip des Führers ist entlang Pfad A, die vier anderen Pfadfinder nehmen den Weg nach B. Findet der Anführer das Camp, ist das Problem gelöst. Stimmen drei oder alle vier Pfadfinder in ihrer Aussage, dass das Camp am Ende des Pfades B liegt, überein, ist ebenfalls alles o. k. Findet dagegen die Viermanngruppe das Camp nicht, d. h. drei oder vier behaupten dies, geht der Anführer im zweiten Trip alleine entlang Pfad C, die vier Gefährten dürfen rasten. Der richtige Weg führt ja in diesem Fall entweder nach C oder nach D. Was aber passiert, wenn zwei behaupten, am Ende des B-Pfades liegt das Camp, zwei dagegen genau die gegenteilige Aussage machen? Der Anführer muss in diesem Fall nochmals den Pfad B abgehen, einer der vier Pfadfinder, der behauptet, am Ende von B gibt es kein Camp, dagegen Weg C. Findet der Anführer nun das Camp, ist alles o. k. Wenn nicht, ist jedenfalls die Aussage des anderen Pfadfinders die Wahrheit, da er auch beim ersten Trip die Wahrheit gesprochen hat. Wie immer er aussagt, entweder das Camp ist am Ende von Pfad C oder am Ende von Pfad D.

Der Krug geht zum Brunnen …

Präsentation:	Gehirnjogging/Teampunkte/Tempofragen
Schwierigkeit:	I. mittel, II. mittel – schwer, III. mittel – schwer
Schuljahre:	8–13
Fach:	Mathematik, Informatik
Material:	Papier und Bleistift

Umleeren I
In einer vergilbten Zeitschrift findet Al Zweistein ein sehr altes Rätsel mit dem Thema „Ein Fass und zwei Krüge".

Aufgabe
Ein Krug kann genau 3 Liter Wasser halten, der andere 5 Liter. Wie kann man durch Umleeren aus Fass und Krügen exakt 4 Liter abmessen? Markierungen jeder Art sind selbstverständlich verboten.

Umleeren II
Nach bravouröser Lösung des ersten Krugproblems macht sich Al an die zweite „Fass & Krüge-Aufgabe" heran. „Vorsicht, schwierig!" steht in der alten Zeitschrift.

Aufgabe

Wieder stehen zwei Krüge mit 3 Liter und 5 Liter Volumen sowie ein Fass zur Verfügung. Ziel ist es, beide Krüge mit genau 1 Liter Wasser zu füllen. Selbstverständlich dürfen wieder keine Markierungshilfen angebracht werden.

Umleeren III

„Ein kleiner Abschlusstrunk gefällig?" Mit dieser Überschrift wird das dritte „Krüge-Problem" vorgestellt.

Aufgabe

Der Inhalt eines 12-Liter-Krugs soll gleichmäßig auf zwei Gefäße aufgeteilt werden, die also letztlich je 6 Liter Wasser enthalten. Zum Umleeren stehen nur zwei kleinere Krüge zur Verfügung, der eine mit einem Volumen von 5 Litern, der andere mit einem von 8 Litern. Wie ist der kürzeste Umfüllweg?

Lösungen

Umleeren I: Zunächst füllt man den 5-l-Krug. Dann werden daraus 3 l in den kleineren Krug umgeleert. Im nächsten Schritt kommt der ganze Inhalt des 3-l-Kruges zurück ins Fass und die restlichen 2 l werden aus dem 5-l-Krug in den 3-l-Krug umgefüllt. Zum zweiten Mal wird nun der 5-l-Krug aus dem Fass angefüllt und zuletzt daraus 1 l in den 3-l-Krug umgeleert. Mehr kann dieser Krug nicht aufnehmen. Damit ist das Problem gelöst: Es bleiben exakt 4 l im 5-l-Krug.

Umleeren II: Im ersten Schritt werden beide Krüge randvoll gefüllt und danach das Fass bis zum letzten Wassertropfen geleert. Nun folgt das Um- und Ausleeren. Nach jedem Schritt sind folgende Flüssigkeitsmengen im Fass (F), in den beiden Krügen (3K, 5K) bzw. im Ausguss (A).

Vorgang	F	3K	5K	A
Start	0	3	5	–
3K in F	3	0	5	–
5K in 3K	3	3	2	–
3K in F	6	0	2	–
5K in 3K	6	2	0	–
F in 5K	1	2	5	–
5K in 3K	1	3	4	–
3K in A	1	0	4	3
5K in 3K	1	3	1	–
3K in A	1	0	1	3
F in 3K	0	1	1	–

Umleeren III: Es sind nur sieben Schritte notwendig: Beginnend mit einer Umfüllung in den 8-l-Krug und aus diesem in den 5-l-Krug, danach aus dem kleinsten Gefäß zurück in den großen 12-l-Krug ist für diese Aufgabe nur eine kurze Kette von Schüttvorgängen nötig.

	12 l	8 l	5 l
12 l in 8 l	4	8	0
8 l in 5 l	4	3	5
5 l in 12 l	9	3	0
8 l in 5 l	9	0	3
12 l in 8 l	1	8	3
8 l in 5 l	1	6	5
5 l in 12 l	6	6	0

Der Handlungsreisende

Präsentation:	Gehirnjogging/Teampunkte/ Tempofragen/Top Tipp
Schwierigkeit:	mittel – schwer
Schuljahre:	10–13
Fach:	Geographie, Mathematik
Material:	Papier und Bleistift

Alfons Zweistein möchte mit seiner kulturbesessenen Gattin eine Rundreise durch Deutschland machen und dabei zehn Städte besuchen: Aachen, Berlin, Dortmund, Frankfurt, Hamburg, Köln, Leipzig, München, Nürnberg und Stuttgart. Da unser Freund logisches Denken über alles schätzt, beschäftigt er sich mit folgender Frage:

Aufgabe
Wie viele unterschiedliche Reiserouten sind wohl möglich, wenn keine Zehnstädtereise der anderen gleichen soll?

Bevor Alfons an die Berechung geht, schätzt er das Ergebnis schnell ab. Wie viele Reiserouten würden Sie schätzen?

Lösung
362 880.

Gott sei Dank gibt es Computer. Denn sonst würde Al Zweistein allein für die Berechung dieser Zahl bei einer Minute pro Reiseroute ca. 250 Tage benötigen. Wie kommt diese ungeheure Zahl zustande? Am besten, wir betrachten die Aufgabe mit drei Städten, Aachen, Berlin und Hamburg. Von Aachen startend sind zwei Wege möglich, entweder über Berlin nach Hamburg oder über Hamburg nach Berlin. Kommt Frankfurt dazu, erhöht sich die Zahl der Reiserouten auf sechs, da zunächst aus Aachen kommend in Berlin oder Hamburg wieder zwei Möglichkeiten zur Verfügung stehen. Das Gleiche gilt, wenn die Reise in Berlin oder Hamburg beginnt. Bei vier Städten gibt es daher 3 mal 2 Reisewege. Kommt auch noch München hinzu, stehen bei der ersten Station obige sechs Wege zur Verfügung. Da aber statt Aachen jede andere Stadt als Ausgangspunkt genommen werden kann, sind es 4 mal 6 Routen.

Mathematisch gesehen ist n die Zahl der Städte, R(n) die Zahl der Routen. Dieses R(n) bekommt man entsprechend der Formel R(n) = (n-1)!, wobei das Ausrufungszeichen (!) bedeutet, dass die Zahl der Städte vermindert um eins miteinander multipliziert werden muss. Beispiel für R(5): $4 \cdot 3 \cdot 2 \cdot 1 = 24$, oder für R(6): $5 \cdot 4 \cdot 3 \cdot 2 \cdot 1 = 120$. Bei zehn Städten ergibt sich die oben als Lösung angeführte Zahl 362 880.

Bemerkung
Würde jemand versuchen, die Hauptstädte aller 45 europäischen Staaten auf allen möglichen Routen zu besuchen, müsste er mit wahrlich „astronomischen" Zeiträumen rechnen.

Dominozahlen

Präsentation:	Offenes Lernen (Einzeln, Partner, Gruppe)/Teampunkte/Tempofragen
Schwierigkeit:	mittel – schwer
Schuljahre:	10–13
Fach:	Mathematik
Material:	Dominosteine

Bei einer seiner traditionellen Samstagabend-Spielrunden wurde Al Zweistein vor eine interessante Zahlenaufgabe gestellt. Einer seiner Freunde legte zwei Dominosteine vor ihn (siehe Abbildung). Dazu folgten einige erklärende Worte:

Dominozahlen

Abbildung

„Al, mit Hilfe dieser beiden Steine kannst du jede Zahl von 1 bis 9 durch nebeneinander liegende Augen bilden. Die ‚1', ‚2' und ‚3' sind direkt in diesem Pärchen enthalten. Die ‚4' besteht aus 1+3, die ‚5' aus 2+3 und so weiter. Die ‚9' schließlich wird durch alle vier Augen dargestellt."

„Alles klar," ist Als erste Reaktion, „was ist daran so schwer?"

Aufgabe

„Nun, hier hast du ein volles Spielset aus 28 Steinen. Jede Kombination von 0/0 bis 6/6 kommt genau einmal vor. Du darfst genau drei Dominosteine aus dem Set heraussuchen und diese nebeneinander legen. Es sollen wieder alle Zahlen beginnend mit 1 durch direkt benachbarte Augen gebildet werden. Bis zu welcher Zahl ist dies möglich?"

„Hm", Al beginnt nachdenklich über der Aufgabe zu brüten. „Lass dir ruhig Zeit, Domino ist gar nicht so einfach wie viele meinen", kommentiert schmunzelnd Als Freund.

Lösung

Die Anordnung der Dominosteine sieht folgendermaßen aus:

1 = 1	7 = 4+3	13 = 1+4+4+4
2 = 1+1	8 = 4+4	14 = 1+1+4+4+4
3 = 3	9 = 1+4+4	15 = 4+4+4+3
4 = 4	10 = 1+1+4+4	16 = 1+4+4+4+3
5 = 1+4	11 = 4+4+3	17 = 1+1+4+4+4+3
6 = 1+1+4	12 = 4+4+4	

Dominoblöcke

Präsentation:	Offenes Lernen (Einzeln, Partner, Gruppe)/Teampunkte/Tempofragen
Schwierigkeit:	leicht – mittel
Schuljahre:	5–10
Fach:	Mathematik
Material:	Dominosteine

Auch Al Zweisteins Neffe liebt die anschaulichen Denksportaufgaben. Eines Tages überrascht er seinen Onkel mit folgendem Dominoproblem: „Schau mal, ich lege drei Dominosteine aneinander (siehe Abbildung links). Sie berühren sich an den Längs- oder Stirnseiten. Es ist egal, ob sie sich bis zur Hälfte überschneiden oder ganz parallel liegen." „Verstehe, aber wo ist das Problem?" Al Zweistein ist wie immer ein wenig ungeduldig.

Abbildung

Aufgabe

„Ganz einfach. Kannst du mir sagen, wie viele verschiedene Dominoblöcke mit drei Steinen möglich sind? Spiegelverkehrte Legeweisen (Abbildung oben) darfst du aber nicht mitzählen."

Nun ist Al für eine knappe Viertelstunde schwer beschäftigt. Wie viele verschiedene Blöcke bringen Sie in dieser Zeit zusammen?

Hinweis

Verwenden Sie bei dieser Aufgabe unbedingt echte Dominosteine. Dadurch wird der Reiz dieses Dominopuzzles weitaus größer.

Lösung
26. Die folgenden Dominoblöcke sind möglich:

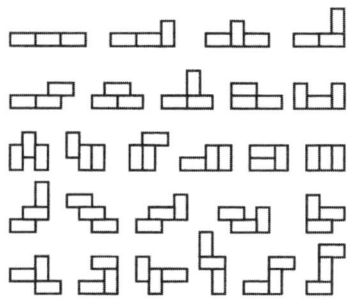

Listenzauber

Präsentation:	Offenes Lernen (Einzeln, Partner, Gruppe)/Spiele-System/Teampunkte/Tempofragen
Schwierigkeit:	leicht – mittel
Schuljahre:	5–10
Fach:	Geschichte, Mathematik, fächerübergreifend
Material:	Papier und Bleistift, Kopiervorlage

Bei einer ihrer lockeren Spielrunden am Sonntagnachmittag versuchen alle Familienmitglieder Alfons Zweisteins gemeinsam zehn Ereignisse in eine richtige historische Zeitfolge zu bringen (siehe Kopiervorlage). Beim Vergleichen der Lösung stellen die Spielfreunde fest, dass ihnen einige Fehler unterlaufen sind. Statt sich für eine chronologische Abfolge von 1 bis 10 zu entscheiden, kommen sie nur annähernd auf die richtige Zeitleiste: 2–3–1–4–5–9–7–6–8–10. Al Zweisteins Neffe Phil bewertet sofort diese Lösung. „Zwei Schlechtpunkte, da die ‚1' an dritter Stelle steht, je einen Schlechtpunkt für die ‚2' und die ‚3', die um je eine Stelle nach vorne verschoben wurden. Die ‚6' kostet auch zwei Punkte, die ‚8' einen und schließlich die ‚9' drei. Das sind insgesamt zehn Schlechtpunkte." „Gar nicht so schlecht", wirft Al ein, „für jede Abweichung um eine Stelle wird ein Punkt gerechnet." Nun aber hat er eine Frage an Phil:

Aufgabe

„Wie viele Schlechtpunkte sind bei zehn zu ordnenden Ereignissen maximal möglich, wenn jede Abweichung vom richtigen Ergebnis um eine Stelle einen Schlechtpunkt nach sich zieht?"

Kopiervorlage

> Der Walzer wird in Wien zum Gesellschaftstanz.
> Luther gelobt im stürmischen Gewitter seinen Klostereintritt.
> Der Teddybär taucht auf.
> Stefan Zweig veröffentlicht seine „Schachnovelle".
> Amnesty International wird gegründet.
> Die erste schriftliche Golfregel wird verfasst.
> Das Gewächshaus wird eingeführt.
> Die erste Rolltreppe wird in Betrieb genommen.
> Bakterien werden beobachtet.
> Huxleys „Brave New World" spielt in diesem Jahr.

Lösung

25.

Die größten Abstände werden einfach addiert: 9 (zwischen 1 und 10) + 7 (zwischen 2 und 9) + 5 (zwischen 3 und 8) + 3 (zwischen 4 und 7) + 1 (zwischen 5 und 6).

Bemerkung

Im angeführten Beispiel wäre übrigens folgende Zeitleiste korrekt:
1501 Luther gelobt im stürmischen Gewitter seinen Klostereintritt.
1599 Das Gewächshaus wird eingeführt.
1744 Die erste schriftliche Golfregel wird verfasst.
1776 Bakterien werden beobachtet.
1815 Der Walzer wird in Wien zum Gesellschaftstanz.
1896 Die erste Rolltreppe wird in Betrieb genommen.
1902 Der Teddybär taucht auf.
1941 Stefan Zweig veröffentlicht seine „Schachnovelle".
1961 Amnesty International wird gegründet.
2486 Huxleys „Brave New World" spielt in diesem Jahr.

Wem diese Art der historischen Spielerei Spaß macht, dem sei Urs Hostettlers ausgezeichnete Spielserie „Anno Domini" ans Herz gelegt. Hier werden in Tausenden von Fragen zahllose Aspekte der Geschichte abgedeckt.

Radfahrer

Präsentation:	Teampunkte/Tempofragen
Schwierigkeit:	mittel – schwer
Schuljahre:	8–13
Fach:	Mathematik
Material:	Papier und Bleistift, Kopiervorlage

Al Zweistein ist ein sehr sportlicher Typ, Hobbyradfahrer, um genau zu sein. „Gesunder Geist in gesundem Körper" ist sein Motto. „Ich habe hier ein kleines Radfahrerproblem für dich, Al." Mit diesen Worten legt ihm einer seiner Freunde einen Zettel mit folgender Fragestellung hin (siehe Kopiervorlage).

Kopiervorlage

Jede volle Stunde startet jeweils ein Rennfahrer.
Geschwindigkeit konstant 40 km/h.

„Schau mal, hier haben wir zwei Orte, A und B, die genau 240 Kilometer voneinander entfernt sind. In einem Hobbyzeitfahren starten im Abstand von genau einer Stunde jeweils sieben Rennfahrer von A nach B und von B nach A. Ziel ist also die jeweils andere Ortschaft. Für unsere Aufgabe nehmen wir an, dass alle mit genau 40 km/h unterwegs sind. Bisher alles klar?" Al nickt und sein Freund setzt fort:

Aufgabe

„Erstens: Wie viele Begegnungen finden in genau sechs Stunden zwischen den jeweiligen Erststartern und den entgegenkommenden Fahrern statt?
Und zweitens: Zu wie vielen Begegnungen kommt es insgesamt?"

„Eine kleine Nachfrage", wirft Al ein. „Was genau ist eine Begegnung?"
„Darunter verstehe ich, dass sich die beiden Fahrer mit ihren Vorderrädern auf einer Linie befinden. Zum Beispiel findet die allererste Begegnung nach exakt drei Stunden statt, wenn die beiden Erststarter auf halbem Weg zusammentreffen." Nun beginnt für Al eine intensive Denkphase.

Lösung

13 Begegnungen beziehungsweise 28 Begegnungen.

Nach exakt 3 Stunden begegnen sich die Spitzenfahrer. Die Startnummern 2 und 3 sind bereits unterwegs, die Nummern 4 starten gerade. Eine halbe Stunde später treffen die Spitzenfahrer auf die als Zweite gestarteten, nach einer weiteren halben Stunde auf die jeweils dritten Starter. Das heißt, ab der vierten Stunde kommt es jede volle Stunde zu vier Begegnungen. Da in der Aufgabenstellung insgesamt sechs Stunden angegeben sind, müssen 1 + 4 + 4 + 4, also 13 Begegnungen stattfinden, die letzten zwei mit den siebten Fahrern, die noch im Starthaus stehen.

Da die zweiten, dritten und vierten Starter ebenfalls auf ihre Konkurrenten stoßen, allerdings um eine beziehungsweise zwei Stunden später, kommen zu den 13 Begegnungen weitere 1+4+4, 1+4 sowie 1 hinzu. Insgesamt gibt es also 28 Begegnungen.

Zahlennachbarn

Präsentation:	Teampunkte/Tempofragen
Schwierigkeit:	mittel
Schuljahre:	8–10
Fach:	Mathematik
Material:	Kopiervorlage, Papier und Bleistift

„Al, hast du zehn Minuten Zeit, ich habe eine kleine Rätselaufgabe für dich." Mit diesen Worten legt Phil seinem Onkel ein Blatt Papier vor die Nase.

Zahlennachbarn

Kopiervorlage

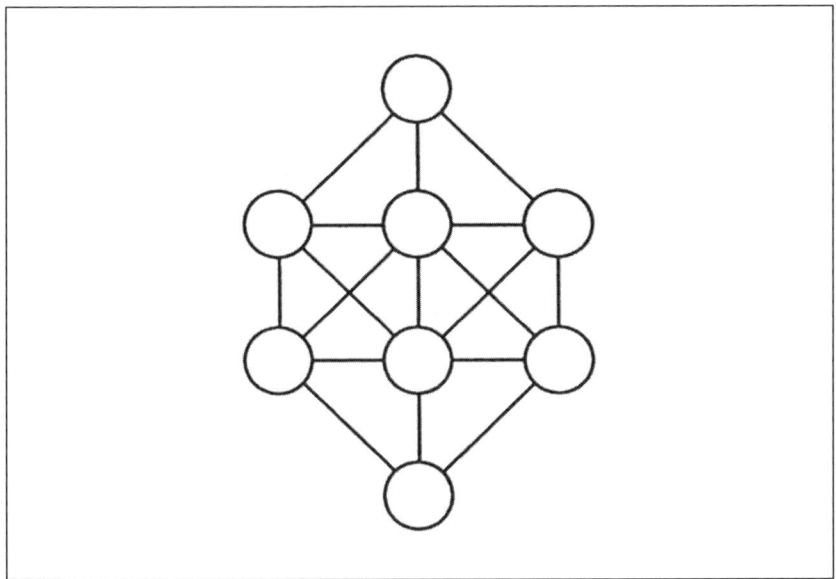

Aufgabe

„Du musst alle Zahlen von 1 bis 8 in diese Zeichnung eintragen, allerdings dürfen benachbarte Zahlen nicht in benachbarten Kreisen stehen."

„Und was heißt benachbart?" „Ganz einfach, das sind Kreise, die miteinander durch Linien verbunden sind. Es gibt übrigens nur eine Lösung, wenn du Drehungen und Spiegelungen nicht mitzählst." Sofort macht sich Al an die Arbeit.

Lösung

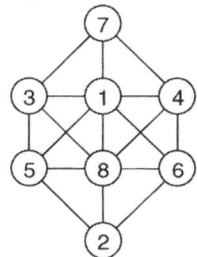

Das römische Ziffernblatt

Präsentation:	Gehirnjogging/Teampunkte/Tempofragen
Schwierigkeit:	mittel
Schuljahre:	8–13
Fach:	Mathematik, fächerübergreifend
Material:	Kopiervorlage, Papier und Bleistift

Alfons Zweistein stößt bei seiner ewigen Suche nach verschollenen Rätselaufgaben auf ein altes Uhrenpuzzle des Meisterdenkers Ernest Dudeney (siehe Abbildung 1): Ziel war es, das mit römischen Zahlen versehene Ziffernblatt so in vier Teile zu zerschneiden, dass auf jedem Teil die Summe 20 heraus kommt. Da die Zahlen von I bis XII addiert 78 ergeben, musste sich Dudeney mit einem Trick behelfen. Er las die IX verkehrt herum als XI.

Abbildung 1 (Dudeney)   **Abbildung 2 (Loyd)**

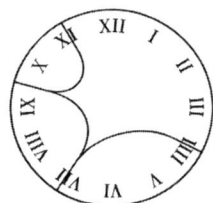 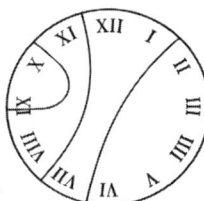

Bald darauf gelang es aber dem amerikanischen Rätselkönig Sam Loyd eine Lösung vorzulegen, bei der alle Zahlen richtig herum gelesen werden können (Abbildung 2).

Nun zur Frage, die Al Zweistein einiges Kopfzerbrechen machen sollte:

Aufgabe
Können Sie weitere Lösungsmöglichkeiten finden?

Hinweis
Unter Uhrmachern war es üblich, die römische IV durch IIII darzustellen.

Es gibt insgesamt zwölf Lösungen. Sechs sind eher einfach zu entdecken, die übrigen drei werden dafür leicht übersehen. Trennungslinien dürfen,

Das römische Ziffernblatt   215

wie aus beiden Abbildungen ersichtlich, zwischen den römischen Ziffern verlaufen. Es dürfen jedoch keine Schleifen um Ziffern gemacht werden, sodass diese vom Rand abgeschnitten werden.

Lösungen

Die Fliege

Präsentation:	Tempofragen
Schwierigkeit:	leicht – mittel
Schuljahre:	8–13
Fach:	Mathematik
Material:	Text

„Zwei Radfahrer sind genau 40 Kilometer voneinander entfernt. Sie fahren in gutem Tempo mit 20 km/h aufeinander zu. Eine lästige Fliege zischt bis zum Zusammentreffen der beiden Sportler zwischen ihnen hin und her und zwar mit einer beachtlichen Geschwindigkeit von 25 km/h. Das ist die Ausgangslage." Al Zweisteins Neffe Phil setzt sein verschmitztes Lächeln auf. „Und wo ist das Problem?" wirft Al ein.

Aufgabe
„Nun, Onkel, welchen Weg legt die Fliege insgesamt zurück?"

Lösung
25 Kilometer.

Da die beiden Radfahrer genau 40 Kilometer voneinander entfernt sind und sie eine Geschwindigkeit von 20 km/h haben, werden sie in exakt einer Stunde zusammen treffen. Und in dieser Stunde legt die Fliege 25 km zurück. Genial einfach, nicht wahr!

Bemerkung
Der berühmte ungarische Mathematiker John von Neumann, der Begründer der Spieltheorie, wurde mit diesem Problem bei einer Cocktailparty konfrontiert. Er dachte einen Moment nach und gab dann die korrekte Antwort. Als der verblüffte Fragesteller meinte, dass viele den Trick nicht durchschauten und stattdessen umständliche Berechnungen anstellten, meinte John von Neumann: „Genau solche Berechnungen habe auch ich gemacht."

Zündholzpuzzles

Kaum ein Rätselbuch früherer Tage ist ohne diese ungemein reizvollen, meist kurzweiligen Puzzles mit Zündhölzern ausgekommen. Das darf nicht überraschen, da diese Aufgaben ein intensives Experimentieren von Seiten des Kindes ermöglichen. Gezielte Lösungsstrategien sind ebenso gefragt wie plötzliche Eingebung. Jung und alt haben praktisch die gleichen Chancen, die kleinen Aufgabenstellungen dieses Kapitels zu knacken. Dazu kommt, dass Sie als Lehrerin oder Lehrer ohne jede Vorbereitung die eine oder andere Stunde anregend gestalten können.

Zugegeben, manche der Aufgaben würden auch in die Kategorie Fangfragen passen. Aber hier möchte ich Ihnen ein Kapitel präsentieren, bei dem das Material das verbindende Glied ist. Lassen Sie sich jedenfalls nicht von der manchmal verblüffend einfachen Fragestellung täuschen. Die Lösungen werden oft als sehr überraschend empfunden.

Fast alle Aufgaben können mit dem gesunden Menschenverstand bewältigt werden, sind daher als Denkschule für praktisch alle Fächer wunderbar geeignet. Auch wenn Sie als Fremdsprachenlehrerin oder -lehrer die einzelnen Rätsel in Englisch, Französisch, Spanisch oder Italienisch vorstellen, werden Sie nur wenige Verständnisprobleme haben. Denn durch das „Objekt des Denkens", die Streichhölzer, wird die Schülergruppe sehr gut zusammengehalten und ganz konzentriert auf die Lösungen hingeführt. Auch ein eigenständiges Herstellen farbiger Hölzchen im Werkunterricht mit anschließender Rätselstunde hat sich sehr bewährt.

Römische Zahlen

Präsentation:	Drei Treffer/Teampunkte/Tempofragen
Schwierigkeit:	leicht – mittel
Schuljahre:	5–10
Fach:	Fächerübergreifend
Material:	Zündhölzer

Beim Stöbern auf ihrem Dachboden finden Mr. und Mrs. Match ein altes Pergament mit „Römischen Denksportaufgaben". „Schaut ja ganz einfach aus," ist die erste Reaktion. Aber nicht alle der folgenden fünf Gleichungen sind so ohne weiteres zu lösen.

Aufgabe
Wie lassen sich die folgenden „Ungleichungen" richtig stellen?

Hinweis
Zahlen und Zeichen bestehen aus Streichhölzern.

1. I – III = II
Durch Umlegen eines Streichhölzchens ist diese Ungleichung richtig zu stellen.

2. XI + I = X
Wieder ist nur ein Streichhölzchen zu bewegen.

3. VI – IV = IX
Bei dieser römischen Aufgabe gibt es zwei Lösungen.

4. VII = I
Auch hier wird nur ein Streichhölzchen umgelegt. Die Aufgabe ist aber etwas schwieriger zu lösen.

5. XI = I – X
Kurioserweise können Mr. und Mrs. Match die letzte römische Gleichung lösen, ohne auch nur ein Streichholz zu berühren.

Quadrate

Lösungen
1. *I – III = II:*   I = III – II.
2. *XI + I = X:*   X + I = XI
3. *VI – IV = IX:*   1. VI + IV = X ; 2. V + IV = IX
5. *XI = I – X:*   Stellen Sie das Blatt auf den Kopf!

4. *VII = I:*

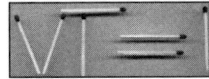

Wurzel I = I

Quadrate

Präsentation:	Drei Treffer/Teampunkte/ Tempofragen
Schwierigkeit:	leicht – mittel
Schuljahre:	5–10
Fach:	Fächerübergreifend
Material:	Zündhölzer

1. Drei Quadrate I

Mr. und Mrs. Match versuchen zum Aufwärmen eine einfache Umformung: Aus den vier Quadraten (siehe Abbildung) sollen durch Umlegen von genau vier Zündhölzern drei gleich große Quadrate entstehen.

2. Sechs Quadrate

Aus den fünf Quadraten (vier kleine und ein großes) sind durch Umlegen von vier Streichhölzern sechs zu machen. Mr. und Mrs. Match kommen ganz schön ins Schwitzen.

3. Drei Quadrate II

Diesmal dürfen Mr. und Mrs. Match nur zwei Hölzer umlegen, sodass drei gleich große Quadrate mit der Seitenlänge von 1 Holz entstehen. Sehen Sie die Lösung?

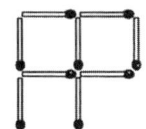

4. Schachbrett

Eine schwierigere Aufgabe für Mr. und Mrs. Match ist das so genannte „Schachbrett":

Sechzehn Streichhölzchen werden auf einem Papier mit Schachbrettmuster zu einem Quadrat ausgelegt (siehe Abbildung). Nun ist das Feld mit genau 11 weiteren Streichhölzern so aufzuteilen, dass vier Flächen mit jeweils vier Feldern entstehen.

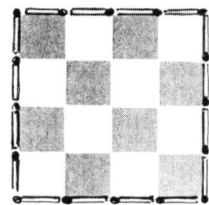

5. Der kleine Affe

Zum Abschluss dieses Themas „Quadrate" müssen Mr. und Mrs. Match ein uraltes Rätsel lösen:

Mitten auf einer quadratischen Insel in einem quadratischen Teich sitzt ein kleines Äffchen. Es möchte an Land kommen, dabei aber nicht nass werden. Zum Überspringen ist der Teich ein wenig zu breit. Der eilig herbeigerufene Tierfänger hat nur zwei Holzlatten (= Streichhölzchen) zur Verfügung und muss damit eine stabile Brücke bauen.

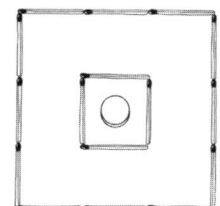

Mr. und Mrs. Match versetzen sich schnell in die Lage des Tierfängers und sehen auch schon die Lösung des Problems.

Lösungen

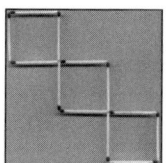

1. Drei Quadrate I.

2. Sechs Quadrate: Durch Umdrehen der vier inneren Hölzchen entsteht im Zentrum ein winziges sechstes Quadrat.

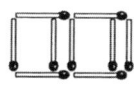

3. Drei Quadrate II: Ganz einfach mit einer Überlappung.

4. Schachbrett: Eine mögliche Lösung wird hier gezeigt.

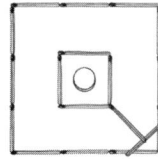

5. Der kleine Affe.

Geometrische Figuren

Präsentation:	Drei Treffer/Teampunkte/ Tempofragen
Schwierigkeit:	leicht – mittel
Schuljahre:	5–10
Fach:	Fächerübergreifend
Material:	Zündhölzer

1. Sechseck

„Denken Sie in verschiedenen Dimensionen!", steht auf dem Anleitungsblatt zu dieser Aufgabe. Mr. und Mrs. Match können mit diesem Hinweis glücklicherweise sehr viel anfangen.

Alle Streichhölzer eines regelmäßigen Sechsecks (siehe Abbildung) plus drei weitere Hölzchen dürfen verwendet werden, um eine Figur zu bilden, die wieder sechs regelmäßige Seiten hat.

2. Sechseck + Holz

Diesmal müssen Mr. und Mrs. Match schon intensiver nachdenken: Ein Sechseck ist unter Hinzunahme eines siebten Streichholzes so umzuformen, dass zwei Rhomben entstehen. Es dürfen allerdings nur zwei Hölzchen der abgebildeten Figur bewegt werden.

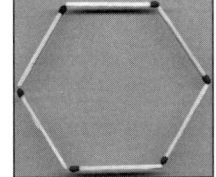

3. Sechs Dreiecke

Die Abbildung zeigt vier gleichseitige Dreiecke, die aus neun Streichhölzern gebildet werden. Die herausfordernde Aufgabe lautet, sechs gleichseitige Dreiecke mit Hilfe von nur sechs Hölzchen zu formen. Mr. und Mrs. Match finden bald eine Lösung.

4. Rhombus

Vier Streichhölzer sind aus dem abgebildeten Rhombus wegzunehmen, sodass vier gleich große gleichseitige Dreiecke übrig bleiben. Für Mr. und Mrs. Match stellt das kein Problem dar!

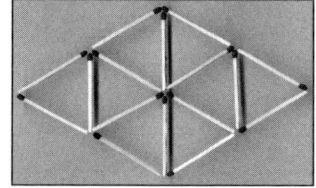

5. Vier Dreiecke

Wesentlich stärker werden Mr. und Mrs. Match bei folgendem Rätsel gefordert:

Bilden Sie mit Hilfe von nur sechs Streichhölzern vier gleichseitige Dreiecke, die alle die gleiche Größe haben.

Lösungen

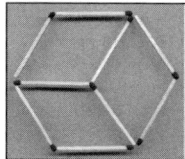 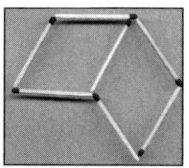 

1. Sechseck. Sehen Sie den Würfel? Malen Sie einfach die Augen 2, 4 und 6 auf die drei Flächen.

2. Sechseck + Holz.

3. Sechs Dreiecke.

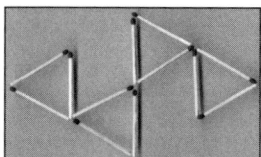 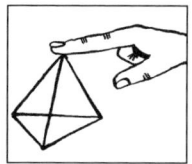

4. Rhombus.

5. Vier Dreiecke: Denken Sie dreidimensional, dann sehen Sie das Tetraeder.

Aus dem Leben gegriffen ...

> **Präsentation:** Drei Treffer/Teampunkte/Tempofragen
> **Schwierigkeit:** leicht – mittel
> **Schuljahre:** 5–10
> **Fach:** Fächerübergreifend
> **Material:** Zündhölzer

1. Haus

„Ein architektonisches Zündholzpuzzle!" Mrs. Match ist hocherfreut. Durch Umlegen nur eines Hölzchens soll das abgebildete Haus mit der Giebelseite statt nach Osten nach Westen schauen. Ein Griff und Mrs. Match hat das Problem gelöst.

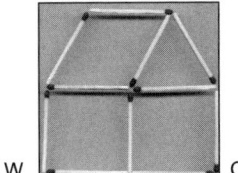

W   O

2. Hund

Wie aus der Abbildung ersichtlich, blickt der aus zwölf Streichhölzern dargestellte Hund nach links. Mr. und Mrs. Match tun sich schwerer als sonst, durch Umlegen von nur zwei Streichhölzern den getreuen Freund nach rechts schauen zu lassen.

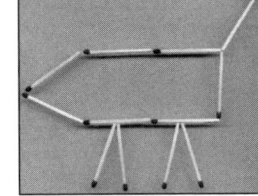

Die Lösung für dieses Hundepuzzle ist sehr überraschend. Können Sie die Lösung erahnen?

3. Fisch

„Auf den ersten Blick gar nicht so einfach," muss Mr. Match bei dieser Figur zugeben:

Der abgebildete Fisch, ein gefräßiger Piranha, nimmt eine leichte Beute im Rücken wahr und dreht seine Schwimmrichtung abrupt um 180°. Wie geht dies durch Umlegen von nur drei Streichhölzern?

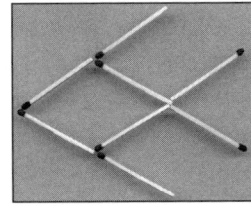

4. Schiffe

Das Problem des Flottenkapitäns ist für Mr. Match ganz besonders interessant:

Die aus zehn Schiffen bestehende Flotte soll in gleicher Ausrichtung statt nach Norden (siehe Abbildung) nach Süden segeln. Um die Manöver abzukürzen, beordert der Kapitän nur drei seiner Vizekapitäne, ihre Schiffe in neue Positionen zu steuern. Welche sind es?

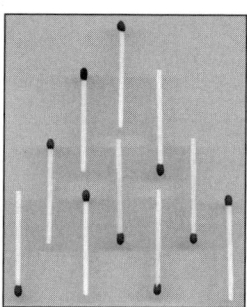

5. Schafställe

Ein Schaffarmer in Australien hat zur besonderen Pflege seine sechs Leittiere getrennt in gleich großen Kojen untergebracht (siehe Abbildung). Als der Farmer die Tiere knapp vor Einbruch der Dunkelheit aus dem

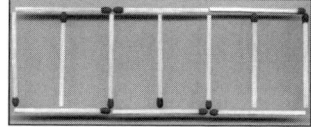

Freigelände zurücktreibt, bemerkt er sofort, dass eine der Stallwände gestohlen wurde. Um den Tieren in den gewohnten Einzelkojen einen Schlafplatz zu geben, muss er nun mit den übrigen zwölf Stallwänden einen neuen Pferch bauen. Da der Schaffarmer einen Sinn für Gerechtigkeit hat, möchte er für alle Tiere gleich große Kojen haben. Wie kann er diese anlegen?

Mr. und Mrs. Match müssen einige Zeit herumprobieren, um das Schafstallproblem zu lösen.

Lösungen

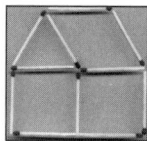 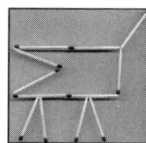

1. Haus.   *2. Hund:* Um den optischen Eindruck zu verstärken, machen Sie dem Hund durch einen Streichholzkopf ein Auge. Dieses bleibt beim Umlegen der zwei Hölzchen unverändert, gibt dem Hund jedoch mehr Leben.

3. Fisch: Die drei untersten Hölzchen werden bewegt. Das linke bildet die neue obere Schwanzflosse, das mittlere die obere Hauptflosse und das rechte den oberen Rumpfteil. Sie können durch einen Streichholzkopf als Auge den Fisch lebendiger aussehen lassen. Allerdings müssen Sie dann dazu sagen, dass auch das Auge verändert werden muss.

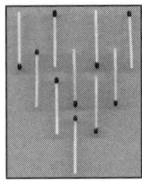
4. Schiffe: Das Kapitänsschiff an der Spitze wird an das andere Ende der Flotte beordert. Die beiden Schiffe an den Flanken bewegen sich um je eine Position zurück.

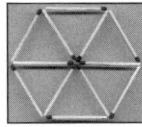
5. Schafställe.

Streichholzmixtur

Präsentation:	Drei Treffer/Teampunkte/Tempofragen
Schwierigkeit:	leicht – mittel
Schuljahre:	5–10
Fach:	Fächerübergreifend
Material:	Zündhölzer, Münzen

1. Weintraube
Auf einer Party wird Mrs. Match ein Glas mit einer Weintraube darin präsentiert (siehe Abbildung).

Mrs. Match soll nun durch Umlegen von zwei Hölzchen die Traube aus dem Glas bringen, ohne allerdings dabei die Weintraube zu berühren.

2. Kraftprobe

Bei launiger Partystimmung wird Mr. Match um eine Kraftprobe gebeten. Es scheint auf den ersten Blick ganz einfach: Ein Streichholz wird auf die Fingerspitzen von Ringfinger und Zeigefinger gelegt, der Mittelfinger darf das Hölzchen von oben festhalten (siehe Abbildung). Alle Finger wie auch der Arm müssen ausgestreckt sein.

Kann Mr. Match das Hölzchen zerbrechen? Am besten, Sie probieren es zunächst selbst aus.

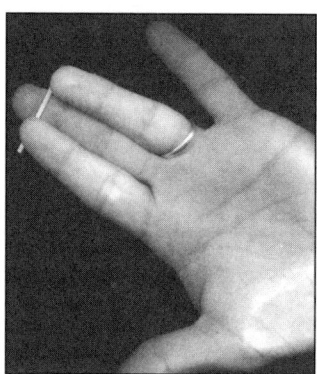
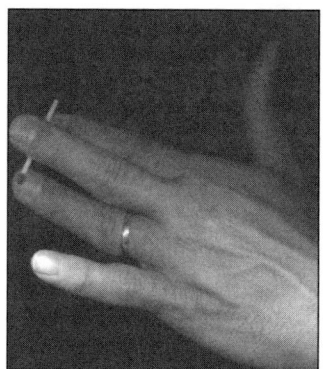

3. Grundstücksteilung

Mr. und Mrs. Match sind bekannt für clevere Lösungen zu den verschiedensten Problemen des Alltags. Eines Tages werden Sie von einem guten Nachbarn gebeten, bei einer Erbschaftsangelegenheit zu helfen. Der kürzlich verstorbene Großvater der Familie hat seinen vier Enkeln ein Grundstück mit vier alten Linden vermacht (siehe Abbildung). Der Großvater, zeitlebens ein Gerechtigkeitsfanatiker, hat testamentarisch festgehalten, dass jeder Enkel ein gleichförmiges, gleich großes Stück des Erbes mit einer wunderschönen Linde darauf erhalten sollte.

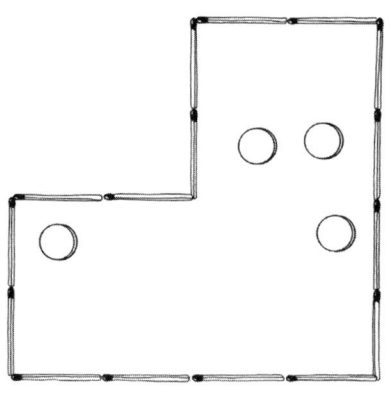

Wie muss dieses Grundstück aufgeteilt werden?

Streichholzmixtur

4. Drei Hölzchen

„Mr. und Mrs. Match, diesmal machen wir es ganz einfach." Mit diesen Worten werden unseren beiden Experten drei Streichhölzchen überreicht. „Legen Sie die drei Hölzchen so auf den Tisch, dass jedes Streichholz die beiden anderen berührt, aber keiner der Köpfe mit dem Tisch Kontakt hat." Nun, die Lösung lässt nur wenige Sekunden auf sich warten.

5. Take away

Abwechselnd dürfen Mr. und Mrs. Match Streichhölzer aus der vorgelegten Figur (siehe Abbildung) entfernen. Ziel ist es, kein Quadrat, egal welcher Größe, auf dem Tisch zu belassen. Mrs. Match darf beginnen.

Nun zur Frage: Wie viele Hölzchen werden weggenommen und wer nimmt das letzte vom Tisch?

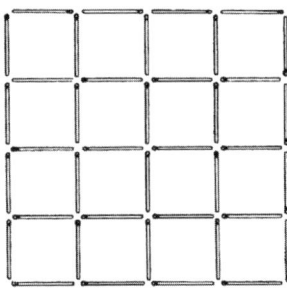

Lösungen

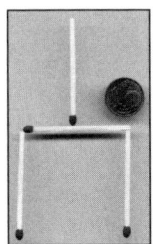

1. Weintraube.

3. Grundstücksteilung: Die elegante Lösung entspricht exakt den Reptilienpuzzles (siehe Kapitel „Geometrische Welten").

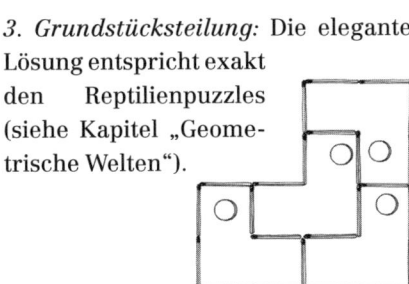

2. Kraftprobe: Mit Rohheit werden Sie kaum erfolgreich sein. Aber es gibt einen Trick: Schlagen Sie mit der ganzen Hand flach auf den Tisch. Bei dieser kurzen, wuchtigen Berührung wird das Streichholz garantiert zerbrechen.

4. Drei Hölzchen.

5. Take away: Es sind genau 9 Hölzchen. Das heißt, dass Mrs. Match das erste und das letzte vom Tisch nimmt. Abgebildet ist eine der möglichen Lösungen.

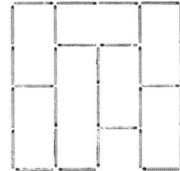

Nim oder: „Marienbad"

Präsentation:	Spiele-System
Schwierigkeit:	leicht – mittel
Schuljahre:	5–10
Fach:	Fächerübergreifend
Material:	Zündhölzer

Ein faszinierendes Zweipersonenspiel mit Streichhölzern löste nach Erscheinen des Films „Letztes Jahr in Marienbad" Anfang der 60er-Jahre eine Welle von Nachahmungen aus.

Bei „Marienbad", einem der vielen unter dem Namen „Nim" bekannten Spiele, gilt es, jeweils eine beliebige Zahl von Streichhölzern aus einer der vier Reihen (7, 5, 3 und 1 Hölzchen, siehe Abbildung) zu nehmen, egal von welcher Seite. Wer das insgesamt letzte der 16 Streichhölzer aufnehmen muss, hat verloren.

Aufgabe
Wollen Sie beginnen?

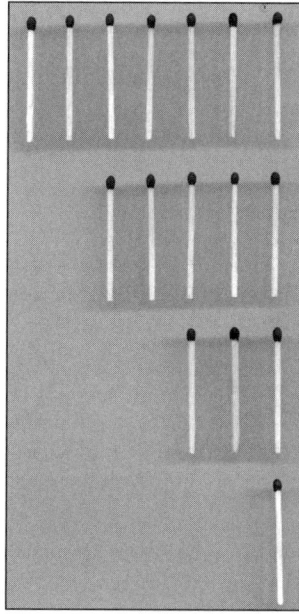

Nim oder: „Marienbad"

Lösung

Nein: Wer beginnt, kann bei optimalem Spiel des Gegners nicht gewinnen.

Welche Gewinnpositionen sind grundsätzlich anzustreben? Es gibt zwei kritische Stellungen:

Stellung 1: Es ist eine gerade Zahl von Reihen (zwei oder vier) mit jeweils gleich vielen Hölzchen übrig. Wer am Zug ist, muss verlieren, da der Gegner jede Aktion spiegelbildlich nachmacht. Nimmt etwa Spieler A drei Hölzchen der oberen Reihe, kontert Spieler B mit drei von unten. Sobald aber Spieler A in einer Reihe nur ein Hölzchen stehen lässt, räumt Spieler B die komplette zweite Reihe. Spieler A muss dann das Verlusthölzchen aufnehmen.

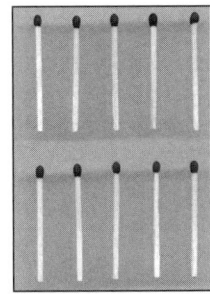

Stellung 2: Eine Reihe verschwindet, drei bleiben übrig. In diesem Fall verliert der Spieler, der am Zug ist, genau dann, wenn die drei Reihen sich in der Hölzchenzahl um jeweils 1 unterscheiden und eine Reihe aus nur einem Hölzchen besteht. Nimmt Spieler A ein Hölzchen aus der oberen Reihe, kann Spieler B durch Wegnehmen des einzelnen Hölzchens der untersten Reihe Stellung 1 erzeugen. Nimmt dagegen Spieler A zwei Hölzchen aus der oberen Reihe, nimmt Spieler B eines der beiden Hölzchen der mittleren Reihe. Werden von Spieler A alle drei Hölzchen der oberen Reihe abgeräumt, verschwindet als Antwortzug die gesamte mittlere Reihe. Entscheidet sich Spieler A aber für das isolierte Hölzchen, kann Spieler B durch Wegnahme eines der drei obersten wieder Stellung 1 erzeugen.

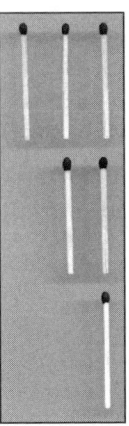

Bemerkung

„Marienbad" eignet sich hervorragend für mehrere Spiele hintereinander. Als Lehrerin oder Lehrer sollten Sie auf keinen Fall sofort nach der ersten Partie die Lösungsstrategie bekannt geben. Manche Schülerinnen und Schüler sind sehr findig bei der Suche nach dem optimalen Weg und durchschauen auch bald, dass sie besser daran sind, wenn Sie den Gegner beginnen lassen. Bei den ersten Partien ist es durchaus empfehlenswert, den Kindern die Wahl des ersten Zuges zu überlassen. Dadurch sieht die ganze Sache noch wesentlich fairer aus.

Literatur

ADRION, ALEXANDER: Die Kunst des Zauberns. Dumont, Köln 1981
ASIMOV, ISAAC: Isaac Asimov's Book of Facts. Hastings House, New York 1992
BRYSON, BILL: Mother Tongue – The English Language. Penguin, Harmondsworth 1990
BRYSON, BILL: Made in America. Quality Paperbacks Direct, London 1994
CHERNYAK, YURI/ROSE, ROBERT: The Chicken from Minsk. Phoenix, New York 1997
CONRAD, HY: Almost Perfect Murders. Sterling Publishing Company, New York 1997
DEVLIN, KEITH: Sternstunden der modernen Mathematik. DTV, München 1992
DUDENEY, HENRY: Amusements in Mathematics. Dover, New York 1970
FRANK/RINVOLUERI/BERER: Challenge to Think. OUP, Oxford 1992
GARDNER, MARTIN: Codes, Ciphers and Secret Writing. Dover Publications, New York 1972
GARDNER, MARTIN: Gotcha. Freeman. New York 1982
GARDNER, MARTIN: Entertaining Mathematical Puzzles. Dover Publications, New York 1986
GARDNER, MARTIN: Knotted Doughnuts. Freeman, New York 1986
GARDNER, MARTIN: Perplexing Puzzles and Tantalizing Teasers. Dover Publications, New York 1988
GARDNER, MARTIN: Riddles of the Sphinx. Mathematical Association, Washington 1988
GARDNER, MARTIN: Time Travel and Other Mathematical Bewilderment. Freeman, New York 1988
GARDNER, MARTIN: Mathematical Circus. Penguin Books, London 1990
GARDNER, MARTIN: More Mathematical Puzzles and Diversions. Penguin, Harmondsworth 1990
GARDNER, MARTIN: The Unexpected Hanging and other Mathematical Diversions. University of Chicago Press, Chicago/London 1991
GARDNER, MARTIN: Mathematischer Karneval. Ullstein, Frankfurt 1993
GARDNER, MARTIN: Universe in a Handkerchief. Copernicus, New York 1996

GARDNER, MARTIN: The Last Recreations. Copernicus, New York 1997
GHOSE, PARHTA/HOME, DIPANKAR: Riddles in the Teacup. Institute of Physics, Bristol 1995
GLONNEGGER, ERWIN: Das Spiele-Buch. Drei Magier Verlag, Uehlfeld 1999
GRESSMANN, MICHAEL: Die Fundgrube für Vertretungsstunden. Cornelsen Scriptor, Berlin 1992
HABER, HEINZ: Mathematisches Kabinett, Folge 1. Knaur Droemer, München 1978
HABER, HEINZ: Mathematisches Kabinett, Folge 2. Knaur Droemer, München 1979
HEMME, HEINRICH: Die Sphinx. Vandenhoeck & Ruprecht, Göttingen 1994
HEMME, HEINRICH: Das Problem des Zwölf-Elfs. Vandenhoeck & Ruprecht, Göttingen 1998
HEMME, HEINRICH/SCHWOERER, MATTHIAS: Mathematischer Denkspaß. Weltbild Buchverlag, Augsburg 1998
HEMME, HEINRICH: Mensch, ärgere dich nicht. Rowohlt, Reinbek 2003
JACKSON, PETER: A Compendium of Conundrums. Carlton, London 1998
KASTNER, HUGO/KADOR-FOLKVORD, GERALD: Atlasrätsel. Aulis Verlag, Köln 2000
KASTNER, HUGO/KADOR-FOLKVORD, GERALD: 88 neue Atlasrätsel. Aulis Verlag, Köln 2000
KASTNER, HUGO: Fundgrube für Spiele. Cornelsen Scriptor, Berlin 2002
KNIZIA, REINER: Dice Games properly explained. Right Way, Tadworth 1999
KORDEMSKY, BORIS: Köpfchen, Köpfchen. Buchgemeinde Wien, Wien 1961
KORDEMSKY, BORIS: The Moscow Puzzles. Penguin, Harmondsworth 1978
KRÄMER, WALTER: Denkste! Campus, Frankfurt 1996
LOHMEYER, JULIUS (Hrsg.): Deutsche Jugend, Neue Folge, Band 1. Leonhard Simion, Berlin 1886
LOYD, SAM/GARDNER, MARTIN: Mathematische Rätsel und Spiele. Dumont, Köln 1978
LOYD, SAM/GARDNER, MARTIN: Noch mehr mathematische Rätsel und Spiele. Dumont, Köln 1979
MALA, MATTHIAS: Wunderbare Rätselwelt. Hugendubel, München 1998
MELHUISH, SIMON/LYNCH, JENNY: Sixty Second Murder Puzzles. Lagoon, London 1997
MÉRÖ, LÁSZLÓ: Die Logik der Unvernunft. Rowohlt, Hamburg 2003
OBERMAIR, GILBERT: Die beliebtesten Kneipenspiele. Pabel-Moewig, Rastatt 1994

OBERMAIR, GILBERT: Die pfiffigsten Münzspiele. Pabel-Moewig, Rastatt 1994
OBERMAIR, GILBERT: Die schönsten Papierspiele. Pabel-Moewig, Rastatt 1994
OKER, EUGEN: Bilderrätsel. Hugendubel, München 1994
OLIVASTRO, DOMINIC: Das Chinesische Dreieck. Droemer/Knaur, München 1995
PRITCHARD, DAVID: Das große Familienbuch der Spiele. Mosaik Verlag, München 1983
RECHBERGER, KLAUS: Knobeleien + Denksport. Falken, Niedernhausen/Ts. 1986
SACKSON, SID: Spiele anders als andere. Hugendubel, München 1981
Scientific American: Computer Kurzweil 2. Spektrum, Heidelberg 1992
SEREBRIAKOFF, VICTOR: A Mensa Puzzle Book. Bounty, New York 1991
SHASHA, DENNIS: The Puzzling Adventures of Dr Ecco. Dover Publications, New York 1988
SILVERMAN, DAVID: 100 unterhaltsame Denkspiele. Orbis, München 1993
SMULLYAN, RAYMOND: Spottdrosseln und Metavögel. Krüger, Frankfurt 1986
SMULLYAN, RAYMOND: The Chess Mysteries of the Arabian Knights. OUP, Oxford 1992
SMULLYAN, RAYMOND: The Chess Mysteries of Sherlock Holmes. OUP, Oxford 1992
SMULLYAN, RAYMOND: Satan, Cantor and Infinity. Oxford University Press, Oxford 1993
SMULLYAN, RAYMOND: The Riddle of Scheherazade. Knopf, New York 1997
Spektrum der Wissenschaft: Computer Kurzweil. Spektrum, Heidelberg 1992
Spektrum der Wissenschaft: Das Unendliche. Spektrum, Heidelberg 2001
Spektrum der Wissenschaft Digest: Mathematische Unterhaltungen. Spektrum, Heidelberg 2002
Spektrum der Wissenschaft Dossier: Mathematische Unterhaltungen II. Spektrum, Heidelberg 2003
STEWART, IAN: Spiel, Satz und Sieg für die Mathematik. Insel Verlag, Leipzig 1997
STEWART, IAN: The Magical Maze. Phoenix, London 1997
SZÉKELY, GÁBOR: Paradoxa. Harri Deutsch, Frankfurt 1990
WELLS, DAVID: The Penguin Book of Puzzles. Penguin, Harmondsworth 1992
WELLS, DAVID: Curious and Interesting Mathematics. Penguin, Harmondsworth 1997
WELLS, DAVID: Curious and Interesting Numbers. Penguin, Harmondsworth 1997

Register

Nachfolgend erhalten Sie einen Überblick über die in diesem Buch beschriebenen Rätsel. Unter der Rubrik *Fächer* können Sie auf einen Blick entnehmen, für welche Fächer sich die einzelnen Denksportaufgaben jeweils bestens eignen. Bei fächerübergreifender Unterrichtsgestaltung sind praktisch alle Rätsel dieses Buches einsetzbar. Für die Verwendung im Offenen Lernen finden Sie gesondert Hinweise. Die Angaben unter der Rubrik *Schwierigkeitsgrad* können nur eine allgemeine Richtlinie sein, da ich ein sehr großes Spektrum an Denksportaufgaben anbiete, deren Schwierigkeitsgrad sehr von der Erfahrung des jeweiligen Rätselfreundes abhängt. Die optimale Altersstufe wird unter *Schuljahr* immer mit einem „von – bis" angeführt, da es bei der praktischen Präsentation sehr auf die Vorerfahrung sowie die Hilfestellung des Lehrers ankommt. Viele Aufgaben können auf mehr als eine Art in der Klasse präsentiert werden; entsprechende Angaben finden sich unter der Rubrik *Präsentation*. Beachten Sie hierzu das Kapitel „Präsentationsmethoden" am Anfang des Buches. Angaben zu den wichtigsten *Materialien* erleichtern Ihnen ein spontanes Arbeiten.

Abkürzungen

Präsentation	3T	= Drei Treffer	SS	= Spiele-System
	OL	= Offenes Lernen	TT	= Top-Tipp-System
	TF	= Tempofragen	KR	= Kreatives Rätseln
	GJ	= Gehirnjogging	TP	= Teampunkte-System
Fächer	BK	= Bildende Kunst	E	= Englisch
	D	= Deutsch	GW	= Geographie/ Wirtschaftskunde
	H	= Geschichte		
	FÜ	= Fächerübergreifend	FSP	= Fremdsprachen
	Inf	= Informatik	M(G)	= Mathematik (Geometrie)
	Ph	= Physik		
	WE	= Werkerziehung	PP	= Philosophie/ Psychologie
	Bi	= Biologie		
Schwierigkeit	l	= leicht	s	= schwer
	m	= mittel	L	= Lehrerhilfe zu empfehlen
Schuljahr	5 – 10	= 5. bis 10. Schuljahr		
Materialien	A	= Atlas	Zü	= Zündhölzer
	SC	= Spielchips	Mü	= Münzen
	Wü	= Würfel	St	= Stoppuhr
	Kv	= Kopiervorlage	PB	= Papier & Bleistift
	SK	= Spielkarten	Tx	= Text

	Fächer	Schwierigkeitsgrad	Schuljahr	Präsentation	Material	Seite
Atlas & Landkarte						
Wasser- & Landhalbkugel	GW	l-m	5–8	TT	Globus/Kv	18
Zwei Welten	GW	m	5–8	TF	Kv	20
Flugnetze	GW/M(G)	m	7–10	TF/TT	Kv	21
Geographische Rätselbilder	BK/GW	l-m-s	5–13	OL/TF	A/Globus/Kv	23
Östlichster Punkt der USA	GW	m	10–13	TF/TT	A/Globus	25
Österreich-Spiel	GW	l-m	5–8	OL/SS	A/Kv/Mü	26
Deutschland-Spiel	GW	m-s	7–10	GJ/OL/SS	A/Kv/Mü	27
Die Welt als Fußball	M(G)	m-s	5–13	GJ/TP/TT	Fußball	29
Panamakanal	GW	m	7–10	TP/TT	A/Globus	30
Bizarre Wahrscheinlichkeiten						
Wartezeiten	M	m	10–13	TT	Kv	32
Das Aufteilungs-Paradoxon	M	s-L	10–13	GJ/TF	PB	33
Das Geburtstags-Paradoxon	M	m-s	10–13	TT	PB	34
Der Briefumschlag	M/PP	m-s	8–13	GJ	2 Briefumschläge	36
Das Drei-Türen-Problem	M/PP	m-s	8–13	GJ/SS	3 Würfelbecher	37
Die Welt ist nur ein Dorf	FÜ	m	8–13	TT	Tx	39
Chinesische Würfel	M/WE	m	8–13	SS/TP	4 Wü/SC	41
Chuck-a-Luck	M	m	8–13	SS/TT	3 Wü/SC	42
Geometrische Welten						
Geometrische Reptilien	M(G)/TP	l-m-s	7–13	3T/OL/TF/	Kv/PB/St	45
Der Hindu	M(G)	l	5–7	OL/TP	Kv/PB/St	46
Die Katze	M(G)	l	5–7	OL/TF/TP	Kv/PB/St	48
Der Weg zum Fluss	M(G)	s	7–13	GJ/TP	Kv/PB/St	49
Eisenbahnschienen	GW/M	m	7–13	GJ/TT	PB	51
Das verschwundene Quadrat	M(G)	m	7–10	GJ/TT	Kv	52
Fünfeckpuzzle	M(G)	l-m	5–8	TF/TP	Kv/PB/St	53

Register 235

	Fächer	Schwierigkeitsgrad	Schuljahr	Präsentation	Material	Seite
Sprossenzauber	M(G)	l-m	5–10	SS/TP	PB	54
Karteikartentwist	M(G)	m	5–8	OL/TF/TP	Karteikarten, Schere	56
Querdenker: 9 Punkte	M(G)	m	5–8	3T/TF/OL/TP	Kv/PB	58
Querdenker: 12 & 16 Punkte	M(G)	m	5–8	OL/TF/TP	Kv/PB	60
Das Haus des Nikolaus	M(G)	l-m	5–7	OL/TF/TP	PB/St	62
Der Teppich	M(G)	s	7–13	GJ/TP	Kv/PB	63
Die Erbschaft	M(G)	m	7–10	TF/TP	Kv	64
Getäuschtes Auge						
Kippbilder	BK/D/PP	l	5–10	OL/TP	Kv	66
Der blinde Fleck	BK/D/PP	l	5–8	OL	Kv	67
Das Labyrinth des Minotaurus	BK/M(G)/PP	l	5–8	OL/TP	Kv/St	68
Sternensuche	BK/PP	m	5–10	OL/TF/TP	Kv/St	69
30-Sekunden-Illusionen	BK/PP	l	5–10	OL	Kv/St	70
Wortillusionen	BK/D/E/PP	l-m	5–10	OL/TP	Kv	72
Figurenillusionen	FÜ	l	5–10	3T/OL/TP	Kv/St	73
Der Korkentrick	M	m-s-L	5–13	GJ/TF	2 Korken	75
Drudelrätsel	BK/D/FSP	l	5–8	KR	Kv	77
Fisch und Roboter	BK/D/FSP	l	5–8	KR/OL	Kv	80
Verschlungene Seile	BK/FÜ	l	5–8	OL/TT	Kv	81
Schluck den Ball!	BK/FÜ	l	5–8	TF/OL	Kv	82
Die Macht des Wortes						
Drei Philosophen	D/E/FSP/PP	s-L	7–13	GJ	Tx	84
Betrogene Amazonen	D/E/FSP/PP	s-L	7–13	GJ	Tx	85
Drei Preise	D/E/FSP/PP	m-s-L	7–13	OL/TF/TP	Tx	87
Anton, Bruno und Carl	D/E/FSP/PP	m-s-L	7–13	OL/TF/TP	Tx	88

	Fächer	Schwierigkeitsgrad	Schuljahr	Präsentation	Material	Seite
Eineiige Zwillinge	D/E/FSP/PP	m-s-L	7–13	OL/TF/TP	Tx	89
Tag auf Tag	D	m-s-L	7–13	TF/TP	Kv:Tx	91
Wem gehört der Fisch?	D	m-s	7–13	OL/TP	Kv	92
Anagramme	D/GW	l-m	5–8	3T/OL/TP	Kv/A	94
Sprichwörter	D/FSP	m	5–10	OL/TF/TP	Kv/St	95
Lügenteufel	D/FSP	m	7–13	OL/TF/TP	Kv	98
Tiere im Zoo	E	l	5–8	OL/TF/TP	Kv	99
Alpine English	E	l-m	7–10	OL/TF/TP	Kv	100
Palindromische Uhrzeiten	D/E/M	m	8–13	TF/TP	Tx	101
Einbein – Zweibein – Dreibein	D	m	6–10	TF	Tx	103

Münzprobleme

Sprunghafte Paarungen	M	m	5–8	OL/TF/TP	Mü	105
Münzdreieck	M	l-m	5–8	OL/TF/TP	Mü	106
Münzsolitär	M	m-s	5–10	OL/TF/TP	Mü	107
Walzerdrehung	M	l	5–6	OL/TT	Mü	108
Münzturm	M	l	5–8	TF/TP	Mü	109
Münzring	M	m	5–8	OL/TP	Mü	110
10-Euro-Kreis	M	m	5–10	OL/SS	Mü	111
Euro & Cent	M	m	7–10	SS	Mü	112
Festung	M	m	5–10	OL/TF	Mü	113

Rätselhafte Fragen

Fangfragen I	D/E/FSP/FÜ	l-m	5–8	3T/KR/OL/TF	Tx	116
Fangragen II	D/E/FSP/FÜ	l-m	5–8	3T/KR/OL/TF	Tx	117
Die Welt des Zirkus	D/E/FSP/FÜ	l-m	5–10	3T/KR/OL/TF	Tx	118
Klassisches	D/E/FSP/FÜ	l-m	5–10	3T/KR/OL/TF	Tx	120
Biologisches	Bi/D/E/FSP/FÜ	l-m	5–10	3T/KR/OL/TF	Tx	121
Menschliches	D/E/FSP/FÜ	l-m	5–10	3T/KR/OL/TF	Tx	123

Register 237

	Fächer	Schwie-rigkeits-grad	Schul-jahr	Präsen-tation	Material	Seite
Aus der Welt der Technik	D/E/FSP/Ph/FÜ	l-m	5–10	3T/KR/OL/TF	Tx	124
Logisch!	D/E/FSP/PP/FÜ	m	5–13	3T/KR/OL/TF	Tx	126
Geldgeschäfte	D/E/FSP/FÜ	l-m	5–10	3T/KR/OL/TF	Tx	128
From the USA	D/E/FSP/H/FÜ	l-m	5–10	3T/KR/OL/TF	Tx	131
Kalenderrätsel	D/E/FSP/FÜ	l-m	5–10	3T/KR/OL/TF	Tx	132
Mordgeschichten	D/E/FSP/FÜ	l-m	5–10	3T/KR/OL/TF	Tx	134
Buntes Allerlei I	D/E/FSP/FÜ	l-m	5–10	3T/KR/OL/TF	Tx	136
Buntes Allerlei II	D/E/FSP/FÜ	l-m	5–10	3T/KR/OL/TF	Tx	138
Buntes Allerlei III	D/E/FSP/FÜ	l-m	5–10	3T/KR/OL/TF	Tx	140
Tangram & Co.						
Konvexe Figuren	BK/M/WE	l-m	5–10	OL/TF/TP	Kv/Tangram-Formen	144
Ornamente	BK/M/WE	l-m	5–10	OL/TF/TP	Kv/Tangram-Formen	145
Vasen	BK/M/WE	l-m	5–10	OL/TF/TP	Kv/Tangram-Formen	146
Tan-Alphabet	BK/M/WE	l-m	5–10	OL/TF/TP	Kv/Tangram-Formen	147
Schachfiguren	BK/M/WE	l-m	5–10	OL/TF/TP	Kv/Tangram-Formen	149
Chinesen in Bewegung	BK/M/WE	l-m	5–10	OL/TF/TP	Kv/Tangram-Formen	150
Das Teufels-T	BK/M(G)/WE	m	5–13	GJ/OL/TF/TP	Kv/Teufels-T	151
Vier rätselhafte Hölzchen	BK/M(G)/WE	m	5–13	GJ/OL/TF/TP	Kv/Teufels-T	152
Triomino-Suche	M/WE/FÜ	l	5–10	OL/TF	Kv/Triominos	153
Pentominos	M(G)/WE	l-m	5–13	OL/SS/TF/TP	Kv/Pentominos/Raster 8 x 8/11 x 11	155
Pento-Duell	M(G)/WE/FÜ	m	5–10	OL/SS	Pentominos/Raster 8 x 8	158

	Fächer	Schwierigkeitsgrad	Schuljahr	Präsentation	Material	Seite
Taschenspieler und Spielkarten						
Eulersche Quadrate	M/FÜ	m	10–13	OL/TF/TP	SK	161
Kartenhaie	M/FÜ	m-s	10–13	GJ/OL	PB	162
Silverman-Puzzle	FÜ	m-s	10–13	TF/OL/TP	SK	163
Vier mal die Fünf	FÜ	l-m	5–8	TF/TP	SK	164
Wer bin ich?	FÜ	m	6–10	OL/TP	SK	164
Rot und Schwarz	FÜ	m-s-L	10–13	TF/TP/TT	SK	166
Kümmelblättchen	FÜ	m	6–10	TF/TP	SK	167
Top Secret						
1000 = G sind ein K	D/FÜ	l-m	8–10	OL/TF/TP	Kv/St	169
Kurvenzauber	GW/M	m	8–10	OL/TF/TP	Kv	171
Die verschlüsselte Botschaft	FÜ	m	5–8	GJ/TF/TP	Kv	173
Buchstabencode	FÜ	l	5–8	OL/TF/TP	PB	174
Schnörkel	FÜ	l-m	5–8	OL/TF/TP	PB/Kv	174
Römische Eins	FÜ	l-m	5–10	OL/TF/TP	PB	175
Zahlenleiter	FÜ	m	5–10	OL/TF/TP	PB/Kv	176
Einfach!?	FÜ	m	7–13	OL/TF/TP	PB	178
Ziffern 1 bis 9	M	m-s	7–10	TF/TP	PB	179
Dominoeffekt	FÜ	l-m	5–10	OL/TF/TP	Kv	179
Geheime Karte	FÜ	m	7–10	TF	PB	181
Eisbären um Eislöcher	FÜ	m	5–8	OL/TF/TP	5 Wü/Kv	182
Die Welt der 64 Felder						
Acht Damen	FÜ	m	5–10	GJ/TF	Schach	186
Läuferinvasion	FÜ	m	5–10	OL/TF/TP	Schach	187
Wolf und Schafe	FÜ	m	5–10	SS	Schach	188
Rösselsprung	FÜ	m	6–10	TF	Schach	189
Das zersägte Schachbrett	M	m	5–10	TF/TP	Schach	190
Damenspiele	M	m	7–13	SS	Schach	191
Schach im alten China	FÜ/M	m	6–13	TF/TP	Schach	192

Register

	Fächer	Schwierigkeitsgrad	Schuljahr	Präsentation	Material	Seite

Wunderwelt des Denkens

	Fächer	Schwierigkeitsgrad	Schuljahr	Präsentation	Material	Seite
Der Spiegel	Ph	m-s	8–13	GJ/TT	PB	195
Die Insel im Teich	M/FÜ	m	8–10	TF/TP		196
Die Uhr	FÜ	m-s	7–13	GJ/TF/TP	Tx	197
Begehrenswerte Schwestern	M/Inf	l-m-s	6–13	OL/TP	PB	198
Die Hängebrücke	M/Inf	m-s	5–13	GJ/TP	PB	200
Findige Pfadfinder	M/Inf	m-s-L	8–13	GJ/TF	Kv, PB	201
Der Krug geht zum Brunnen ...	M/Inf	m-s	8–13	GJ/TF/TP	PB	203
Der Handlungsreisende	GW/M	m-s	10–13	GJ/TF/TP/TT	PB	205
Dominozahlen	M	m-s	10–13	OL/TF/TP	Dominos	206
Dominoblöcke	M	l-m	5–10	OL/TF/TP	Dominos	208
Listenzauber	H/M/FÜ	l-m	5–10	OL/SS/TF/TP	PB/Kv	209
Radfahrer	M	m-s	8–13	TF/TP	PB/Kv	211
Zahlennachbarn	M	m	8–10	TF/TP	Kv/PB	212
Das römische Ziffernblatt	M/FÜ	m	8–13	GJ/TF/TP	Kv/PB	214
Die Fliege	M	l-m	8–13	TF	Tx	216

Zündholzpuzzles

	Fächer	Schwierigkeitsgrad	Schuljahr	Präsentation	Material	Seite
Römische Zahlen	FÜ	l-m	5–10	3T/TF/TP	Zü	218
Quadrate	FÜ	l-m	5–10	3T/TF/TP	Zü	219
Geometrische Figuren	FÜ	l-m	5–10	3T/TF/TP	Zü	221
Aus dem Leben gegriffen ...	FÜ	l-m	5–10	3T/TF/TP	Zü	223
Streichholzmixtur	FÜ	l-m	5–10	3T/TF/TP	Zü/Mü	225
Nim oder: „Marienbad"	FÜ	l-m	5–10	SS	Zü	228

Fundgruben für Ihren Unterricht
Nachschlagewerke für jeden Tag

Wer neue Ideen für seinen Unterricht sucht, findet hier eine Fülle von Anregungen und Materialien.

1. Für den Fachunterricht

	ISBN 3-589-
Die Fundgrube für den Biologie-Unterricht	21479-1
Die Fundgrube für den Deutsch-Unterricht	21054-0
Die Fundgrube für den Englisch-Unterricht	20899-6
Die 2. Fundgrube für den Englisch-Unterricht	21082-6
Die Fundgrube für den handlungsorientierten Englisch-Unterricht	21174-1
Die Fundgrube für den Erdkunde-Unterricht	21130-X
Die Fundgrube für Ethik und Religion	21246-2
Die Fundgrube für den Französisch-Unterricht	21032-X
Die Fundgrube für den Geschichts-Unterricht	21062-1
Die Fundgrube für den Kunst-Unterricht	21129-6
Die Fundgrube für den Mathematik-Unterricht	21105-9
Die Fundgrube für den Musik-Unterricht (mit CD)	21128-8
Die Fundgrube für den Physik-Unterricht	21078-8
Die Fundgrube für den Politik-Unterricht	21127-X
Die Fundgrube für den Sport-Unterricht	21419-8

2. Fachübergreifende Titel

Die Fundgrube für Klassenlehrer	21227-6
Die Fundgrube für Vertretungsstunden	21028-1
Die 2. Fundgrube für Vertretungsstunden	21140-7
Die Hauptschul-Fundgrube	21069-9
Die Fundgrube für den Umweltschutz	21380-9
Die Fundgrube für Feste und Feiern	21476-7
Die Fundgrube zur Sexualerziehung	21559-3
Die Fundgrube für Spiele	21651-4
Die Zauber-Fundgrube	21670-0
Die Fundgrube für Denksport und Rätsel	22055-4

Fragen Sie bitte in Ihrer Buchhandlung!